AUX PORTES DE L'INCONNU

Olivier Emphoux
& Annette Geffroy

AUX PORTES
DE L'INCONNU

Quand la vie résiste à la mort

Éditeur : Stéphane Chabenat
Conception graphique : Pinkart Ltd
Couverture : MaGwen

Les éditions de l'**Opportun**
16, rue Dupetit-Thouars
75003 PARIS

www.editionsopportun.com

Introduction

Une naissance très difficile m'a conduit dans les couloirs de la mort. Tout au long de ma vie, elle a influé sur mon devenir, mon futur métier : thanatopracteur.

Quand j'étais petit et que l'on me demandait « Qu'est-ce que tu veux faire plus tard ? », je ne répondais pas. J'ai grandi en ne sachant pas encore ce que je voulais faire. J'aimais que ma mère me traîne dans les musées, regarder toutes ces choses. Adolescent, il me prit une frénésie : je peignis à mon tour. J'enchaînai des spirales, je me trouvais dans cet univers, mais pas encore tout à fait satisfait, jusqu'au jour où j'ajoutai des personnages irréels avec des cercueils. Je me sentais à mon aise. Si mon père s'occupait des vivants, en tant que médecin, moi j'avais décidé de connaître un peu mieux les morts. Pour commencer je fis une licence de droit pour ne pas contrarier mes parents, mais j'abandonnai l'idée d'être avocat, bien que ce métier me plût. Des pages et des pages à apprendre tard dans la nuit : je voyais déjà l'échec au bout de ma route.

J'entrai ensuite dans un bureau d'assurance, mais très vite je quittai ce poste. Je fus enfin amené à travailler pour les pompes funèbres, au grand désarroi de ma famille.

J'allais commencer enfin ce que je cherchais depuis des années sans le savoir : j'avais une attirance pour ce métier, *embalmer* pour les Anglais, thanatopracteur pour les Français.

Je décrochai mon premier diplôme de thanatopracteur en novembre 1990 et, quelques années plus tard, le diplôme national de thanatopraxie. Comme j'aime beaucoup l'Angleterre, l'envie d'obtenir le diplôme anglais m'obséda. J'acquis ce diplôme d'embaumeur du British Institute of Embalmers en mars 2006.

Je voulais entrer dans ce monde d'où personne ne revient : j'avais décidé de le connaître, d'y accéder mais aussi d'en ressortir, une folie, mais tellement logique pour moi. Je voulais combattre cette peur de la mort en allant la voir tout simplement. Aller dans l'au-delà avait toujours fait partie de mes préoccupations majeures et avant-gardistes – je prenais de l'avance sur mon temps.

Mes débuts un peu particuliers se passèrent dans un bureau destiné à accueillir des familles en deuil, pour préparer les obsèques. Toujours sur le qui-vive, je faisais attention à chacun de mes faits et gestes, je découvrais un autre univers. Chose curieuse à dire, la mort amène à se voir vivre, un peu comme si en une personne il y avait deux êtres dont l'un regarde l'autre.

Pendant cette période, mes rapports avec l'au-delà demeuraient presque inexistants. J'évoluais au milieu des couronnes mortuaires, des cercueils, remplissant des papiers et passant des coups de téléphone à longueur de journée.

Je travaillais avec deux collègues. La décoration du magasin était classique, le hall d'entrée aux dalles de marbre blanc donnait sur trois pièces pour accueillir les familles.

À côté du bureau, où nous gérions les papiers administratifs, se trouvait l'endroit où les cercueils étaient exposés en demi-cercle sous une lumière blafarde impersonnelle les illuminant, jetant un reflet sur les lourdes tentures de velours rouge qui recouvraient les murs.

Pour moi, surtout l'été, j'appréciai cette pièce pour son agréable fraîcheur.

Mon cercueil préféré était en acajou, grand, massif avec de belles moulures, le capiton de couleur rose saumon.

Mon travail n'était pas de tout repos. On se trouve confronté à toutes sortes de personnes, pauvres ou riches. Il faut faire face à tout cela. En règle générale, la préparation des obsèques s'organise selon un schéma bien défini. La personne qui reçoit la famille derrière son bureau doit, constamment, rester attentive à ses gestes et ses paroles de crainte de froisser ou de blesser les familles endeuillées qui sont, à ce moment-là, très vulnérables.

Dans certains cas, les réactions deviennent vraiment imprévisibles.

Les employés des pompes funèbres pâtissent malheureusement d'une mauvaise réputation.

Un exemple parmi tant d'autres : un ami de mes amis a eu un jour une forte fièvre. Alors qu'il s'occupait tant bien que mal d'un client, celui-ci lui jeta à la figure : « Eh bien, ça se voit à votre visage que dans ce métier on a l'habitude de boire. »

Ces mots résonnèrent d'une façon blessante et irrespectueuse. Dans notre métier, on doit ravaler sa salive et continuer sans tenir compte des paroles blessantes.

Dans cette atmosphère, la pression est extrêmement forte. À chacun de se trouver le petit truc pour décompresser. Certains sombrent dans la dépression ou l'alcoolisme, mais il ne faut pas en faire une généralité...

Un jour, un homme venant de perdre son père voulut faire enterrer celui-ci dans un emplacement qu'il avait choisi. Mais le petit problème, c'est qu'un arbre d'environ un mètre de hauteur se tenait justement à cet l'endroit précis. Inutile de vous dire la bataille acharnée qui s'engagea auprès du conservateur du cimetière : lui voulait garder son arbre, mais l'autre homme n'en démordait pas, il fallait absolument l'arracher. Le plus agaçant dans cette histoire, c'est qu'il restait de nombreuses places disponibles. Mais le client gagna, on dut déraciner ce pauvre feuillu.

Dans ce métier, on en voit décidément de toutes les couleurs ! Avant de devenir thanatopracteur, je préférais parfois m'évader, si l'on peut dire, dans les cortèges funèbres ou en creusant des tombes.

Puis, je suis devenu thanatopracteur, comme on devient prêtre, instituteur ou avocat, par vocation. Les études de médecin généraliste demandent beaucoup plus de temps que celles de thanatopracteur. J'ai suivi une formation théorique accélérée de deux mois environ, puis des cours pratiques pendant trois mois. La partie théorique consiste en des cours d'anatomie assez approfondis et de psychologie. Une fois cette phase terminée commence la formation pratique. C'est sans doute la plus importante. Elle se déroule auprès de thanatopracteurs en exercice qui ont beaucoup d'expérience.

Je peux vous dire que personne ne se bouscule au portillon. Il faut le reconnaître, c'est un métier qui effraie la population, pénible à exercer, et tout simplement pas très courant. J'ai commencé dans le Gard en juillet 1989. Lorsqu'on devient thanatopracteur, on ne se contente pas d'habiller ou de faire la toilette d'une personne décédée. On la rend également présentable en cas d'accident ou de mutilation physique, en reconstituant un visage ou en faisant disparaître les traces de blessures. On empêche également le corps de se décomposer pendant un certain temps. Pendant l'heure où le thanatopracteur se retrouve seul avec le défunt, il ne pratique ni piqûre, ni éviscération. Il s'agit simplement d'une injection artérielle d'un produit à base de formol dilué avec de l'eau. On pratique la fermeture des orifices naturels avec du coton pour éviter les écoulements. Quel que soit l'état du corps, le travail doit être parfait, surtout d'une propreté méticuleuse, irréprochable. Parfois, cela peut permettre d'aider le défunt, dont l'âme reste fragile aux toutes premières heures de la mort, et de le conduire de l'autre côté. Si vous considérez ce métier comme un peu fou, eh bien détrompez-vous. Malheureusement, peu de personnes s'avèrent capables d'entrer en contact avec des défunts. Pourtant, ces moments partagés entre le vivant et le mort sont très enrichissants !

Exercer ce métier requiert certaines capacités psychiques et physiques, car il faut vivre en permanence, jour et nuit, avec les morts. On pénètre alors dans l'intimité du défunt, on le lave, l'habille, procède aux soins de conservation.

La manipulation d'un corps, corpulent ou maigre, se fait toujours seul, que ce soit dans une morgue ou dans une chambre, à domicile. Les cadavres se succèdent, dans la position et le lieu où la mort les a surpris. La résistance physique est indispensable au métier, qui vous affranchit des rigueurs techniques de la thanatopraxie, car quand on évolue dans un univers mortuaire, on a sa propre mort en face de soi.

Dix mille défunts sont passés entre mes mains, je ne me rappelle plus leurs visages, pour certains, mais je me souviens de certaines situations, très émouvantes sur le plan humain, et de certains moments durant lesquels les morts ont essayé d'entrer en contact avec les vivants. J'appelle cela des « manifestations ».

Les premières manifestations sont survenues dès mes débuts, en avril 1988, alors que je travaillais comme employé de bureau, fossoyeur et porteur à la fois. Je devais également me charger des réquisitions de police... Mais bien avant cela, en 1986, je me rendis compte de ce don de médium.

Il m'arriva de rencontrer des personnes : en leur parlant, je sentais tout à coup qu'elles ne se trouvaient plus parmi nous. Malheureusement, ces expériences après mes interrogations se révélèrent exactes.

Alors que je parlais avec un homme d'une soixantaine d'années que je ne connaissais pas, je ressentis avec certitude, au fur et à mesure de notre discussion, qu'il mourrait.

Plus tard, j'appris, hélas, que ce monsieur était décédé d'un cancer peu de temps après… !

À part l'hypothèse qu'il existe quelque chose au-dessus de nous, le fait que des manifestations paranormales viennent à moi sans que je les aie recherchées me fit éprouver un total renouveau, en somme une deuxième naissance.

Je n'avais pas peur d'affronter ce que je ressentais, j'allais même jusqu'à comprendre et entendre ce que le défunt voulait en réalité. Je savais exactement à quel moment j'allais être confronté à la mort ou à proprement parler avec l'au-delà.

Si l'on considère que l'être humain a un cerveau qui lui sert à parler et communiquer, certains ont le pouvoir d'aller au-delà de la routine du quotidien.

Des découvertes sur de nombreuses choses sont venues enrichir ma curiosité, dont je ne soupçonnais point l'ampleur.

Lorsque je côtoie la mort, je découvre alors des choses qui restent invisibles aux yeux des autres.

J'ai été le témoin de nombreux phénomènes paranormaux. J'ai ressenti la présence de Dieu autour de certaines personnes et fui également le diable sur d'autres, où des forces incroyables s'échappaient des corps encore tièdes. En fait, ce que nous sommes, nous le restons jusque dans la mort, capables du meilleur comme du pire.

Personnellement, la mort a toujours eu pour moi, malgré moi, une évidence ; elle s'est imposée en mon esprit d'une façon saine, naturelle, non morbide, quelque chose qui n'a rien d'extraordinaire. Je vois ce que la raison et l'intelligence ne peuvent voir. Cette approche spirituelle dans l'Univers, l'Amour qu'il reste encore à semer dans toutes les parties du globe : un travail gigantesque pour chacun de nous.

Ces journées qui défilent, c'est le temps qui passe ; ces battements de cœur qui résonnent dans notre poitrine, c'est la vie qui passe, pour inéluctablement déboucher sur la mort physique : le mystère reste encore éphémère au sein de l'univers de la vérité. Quant aux manifestations, elles sont partout et nulle part à la fois. Je livre tous ces secrets à celles et ceux qui se posent encore et encore des questions sur leur devenir, et j'espère leur apporter une forme de paix intérieure dans l'espérance.

Je ne pensais pas qu'il m'aurait fallu me remettre en question devant ce que je découvrais au sein de cet univers de mort. Des réactions humaines inconnues jusqu'alors, des personnes que l'on ne peut rencontrer nulle part ailleurs, des odeurs nouvelles...

Cette sensation de peur d'être dans le temple de la mort ou de la rencontrer. Il n'y a que le temps pour l'atténuer. S'habituer peu à peu, au fur et à mesure des journées qui passent.

Le grand voyage

Lors de ma formation, j'allais discuter avec un prêtre, en toute confiance. Nous parlions de ce grand voyage, et satisfaits qu'une personne puisse comprendre, nous nous découvrîmes des points communs, la même passion. Nous parlions des heures et des heures sur un sujet tabou encore aujourd'hui. Le voyage astral ne m'a jamais effrayé : j'étais décidé à connaître et réaliser cette expérience.

Je décidai de tenter le coup, le prêtre m'aiderait à essayer de quitter mon corps afin de passer de l'autre côté. En présence d'un corps, je devais assister et réussir le grand saut. Les connaissances de cet homme me furent d'un très grand secours, et la facilité que j'ai de pouvoir ouvrir les yeux dans la mort permettrait une réussite totale, entre la théorie et la pratique.

La malheureuse expérience et la non-réussite du plan prirent une tournure dramatique.

Un soir, j'allai taper à la porte de sa petite maison, qui se trouvait près de l'église. Personne ne répondit. Je connaissais ses habitudes, je sentais que quelque chose se passait ; mon intuition me donna raison par la suite.

J'appelai les pompiers pour ouvrir de force sa porte.

Je le trouvai allongé sur son lit, habillé sans sa soutane, les yeux clos, les bras allongés le long du corps.

À côté de son lit, chose étrange pour certains, mais pas pour moi, sa valise était posée, entourée d'une corde pour rester fermée, à cause d'une serrure défaillante. Il voulait partir, pour ce grand voyage. Je me sentis choqué, blessé, désemparé : le seul être à qui je pouvais me confier venait de m'abandonner à mon destin.

J'ai gardé cette histoire en moi, comme une cicatrice, un tatouage que l'on garde secrètement. Il m'a fallu deux ans pour écrire cette histoire qui me hante encore aujourd'hui.

Une surprise de taille

Nous nous trouvions mes collègues et moi-même, par un après-midi d'été, dans un petit cimetière de campagne, presque au milieu des champs. Il faisait extrêmement chaud.

On entendait dans tout le cimetière le bruit des pioches et des pelles sur la terre ferme. La pluie n'avait pas fait son apparition depuis plusieurs semaines.

Je débutais et c'était dur ! Âgé de 27 ans je commençais le métier dans tous les domaines. J'accomplissais le travail de fossoyeur et je me sentais fier. Trois bouteilles d'eau nous attendaient au frais, à l'ombre d'une tombe. Notre travail consistait à sortir un cercueil d'un homme décédé à 83 ans pour le changer de cimetière.

L'exhumation était prévue le lendemain matin en présence de la famille. Nous devions dégager la terre et laisser le cercueil libre d'accès.

Cela faisait deux heures que nous creusions afin d'arriver au couvercle du cercueil. L'autre fossoyeur, qui avait plus d'expérience que moi, me surveillait, il fallait faire attention à ne pas abîmer le cercueil avec la pioche.

Le trou s'avérait profond. Étant le plus léger des deux, il décida de me faire descendre à l'aide d'une corde. Il me retint un peu comme le ferait un alpiniste. Arrivé en bas, je mis les pieds de part et d'autre du cercueil afin de ne pas le toucher et enlevai les cailloux qui s'étaient déposés dessus.

Je n'arrivais pas à repérer le couvercle, j'en fis part à mon collègue. Celui-ci regarda ce qu'il se passait d'en haut : plus de couvercle, il s'était endommagé avec le temps. Il fallait avertir le bureau, nous ne pouvions pas continuer notre travail. L'exhumation serait retardée et on devait remettre les restes du corps dans un autre cercueil.

Le grand moment arriva deux jours plus tard. La famille était présente, avec une personne des pompes funèbres et un officier de police municipale. Au bord du trou, je mis une bâche en plastique. Du fond, un fossoyeur me passait d'abord des morceaux de bois du cercueil. Il d égagea enfin le corps de la terre puis, avec une exclamation de surprise, dit « c'est de la cendre ».

Il ne restait plus que la tête, les mains et le bas des jambes, le tronc n'était que cendres à l'intérieur de son costume, comme si le corps avait été brûlé.

Après de nombreuses discussions, nous ne pouvions en aucun cas donner des réponses sur ce phénomène. Pourquoi cette combustion ? Pourquoi les membres avaient été épargnés ? Difficile à dire pour des non-spécialistes et j'avoue aujourd'hui me poser toujours autant de questions.

Le marché funéraire

Afin de faciliter la vente des cercueils, nous les présentions sur catalogue : tous les modèles étant photographiés, les familles pouvaient le choisir sans se presser, en toute quiétude.

Entre les pages du catalogue, certains de mes collègues s'étaient amusés à glisser une photo de femmes nues. Bien sûr, pendant quelques instants, nous redevenions des êtres humains, plaisantant et riant.

Le plus difficile pour moi se passait au moment où je présentais la facture des obsèques.

Je ne pus jamais m'habituer à réclamer des sommes aussi importantes, surtout dans des circonstances douloureuses.

Cela se ressentait au fil des jours, j'éprouvais un certain mal-être.

C'est en partie à cause de ces cas de conscience que je quittais le bureau lorsque la possibilité s'offrait à moi de faire le fossoyeur, le porteur, ou assister aux soins de conservation faits par un thanatopracteur.

Moi qui n'avais jamais vu de mort de ma vie, cela m'impressionnait, mais je résistais. Je tirais une réelle satisfaction d'un travail bien fait.

Durant cette période où je travaillais au bureau, je peux dire que mes rapports avec l'au-delà se réduisaient au minimum, pratiquement inexistants.

Ce fut lorsque j'exerçai le métier de thanatopracteur que je commençai à voir et sentir certains phénomènes paranormaux. Accepter cela nécessite une grande maîtrise de soi.

Je me suis rendu compte que selon le milieu ambiant où l'on se trouve, on peut être témoin de manifestations étranges.

Car en fait, ces univers inconnus qui nous entourent émettent sans cesse des signaux, que nous ne captons pas justement à cause de ces blocages. Il faut réapprendre à désapprendre.

Voilà ce que j'ai fait et ce que je vais essayer de vous faire découvrir.

Les agissements humains ne sont rien, mais restent aussi importants en même temps que la vie en société ; certes mais celle-ci, qu'est-elle sinon un obstacle face à ces univers inconnus ?

Pourtant nous nous devons de vivre et de supporter malheureusement certaines contraintes.

J'ai encore en mémoire l'image de ce jeune homme d'une vingtaine d'années, grand et costaud, sa mère venait de décéder. Sa voisine de palier l'accompagnait, afin de l'aider dans ses démarches et, surtout, pour qu'il ne tombe pas dans un piège. C'est vrai que le malheur des uns fait le bonheur des autres.

C'était une petite dame, en robe bleue très simple, un fichu vert autour de la tête, tenant dans ses mains un sac noir usé.

Elle prit la parole et expliqua qu'il n'avait pas assez d'argent pour enterrer décemment sa maman.

Il venait juste de trouver du travail comme manutentionnaire et vivait dans un petit appartement, avec deux chiens, cadeaux de sa mère.

Dans ce cas, une solution s'offrait à lui : enterrer celle-ci dans la fosse commune.

Mais en entendant la conversation, il se mit à pleurer, se prenant la tête dans les mains.

Devant ce spectacle, imaginez mon désarroi. Je plongeai instantanément dans la douleur de ce pauvre garçon que je ne connaissais pas.

La voisine essaya de le consoler en le prenant affectueusement dans ses bras, mais en vain. La triste situation de ce jeune homme me brisait le cœur.

Je ne vis pour lui qu'une seule solution, l'achat d'une toute petite concession à long terme, accessible à un prix plus que raisonnable. Pour les frais d'obsèques, je fis en sorte qu'il n'ait pas à les payer.

Quand il sut que sa maman aurait un petit coin de terre à elle, ses larmes s'arrêtèrent. Ce problème résolu, il fallait maintenant calculer de quelle façon ce jeune allait pouvoir régler.

Il m'expliqua en bredouillant que le peu de salaire qu'il avait, il l'économiserait et à l'occasion vendrait ses chiens.

Je m'avançai encore une fois et lui fis payer la petite somme en plusieurs mensualités.

Il me sembla soulagé et je le comprenais.

Je recevrais sans doute un blâme de mon directeur... Et ce fut le cas !

Selon mon patron, on ne pouvait concevoir d'autoriser un crédit pour une somme aussi ridicule.

Évidemment, pour lui, la rentabilité de vendre le plus cher et tout de suite faisait partie des objectifs. Moi, j'avais laissé passer les sentiments en priorité. Je comprenais tout à fait son désaccord.

Les plus belles funérailles

Les gens du voyage, que l'on appelle Gitans, ont la particularité de gâter, si l'on peut s'exprimer ainsi, leurs défunts. Ils dépensent des sommes colossales et ne regardent pas au choix des articles funéraires en ce qui concerne leur budget. Mais le plus beau demeure souvent le plus cher.

J'eus la visite de telles personnes. Elles firent leur entrée dans le magasin. Deux hommes à la barbe vieille de quelques jours, coiffés chacun d'un chapeau, le plus âgé avec un foulard rouge noué autour du cou. Leurs femmes les accompagnaient, un peu semblables à celles que l'on rencontre sur les marchés, ou sur les places publiques, et qui vous tirent par la manche pour vous lire la bonne aventure sur les lignes de la main. Bien sûr, ils choisirent le plus beau cercueil, ainsi qu'un bon nombre de couronnes mortuaires. Je calculai le montant des frais d'obsèques, en plus des achats dans le magasin : au total, le montant de la facture s'avéra très important.

À peine dis-je le prix que la plus jeune des femmes, la robe défraîchie et les pieds nus, sortit de son sac usé un gant de toilette, à mon grand étonnement. Un sac en plastique noué se renversa sur la table, une montagne de billets tapissa mon bureau. Je me mis, avec la plus grande attention, à compter en faisant de petits tas. Pendant ce temps, je me sentais épié, ils ne me quittaient pas des yeux.

Tout y était. Ils repartirent très satisfaits.

Sans ascenseur

Lorsque je travaillais aux pompes funèbres, rien ne se passait comme on le désirait.

Ce jour-là, la famille refusa qu'on descende le cercueil par l'ascenseur.

Il ne nous restait qu'une seule solution : le porter sur les épaules – huit étages, ce n'était pas une mince affaire.

Dans pareil cas, un de mes collègues se mettait derrière nous pour retenir par leur veste ceux qui portaient le cercueil par en haut, afin d'éviter que le poids n'entraîne quiconque.

Il arrivait parfois que le cercueil glisse, ce qui entraînait un peu de casse du côté des porteurs, un bras cassé, et un traumatisme crânien : la tête a fait office de tampon entre le mur et le cercueil.

Ces cas demeurent extrêmement rares, mais arrivent dans notre métier.

Gérard et moi nous étions mis en haut, Albert et le vieux Léo en bas. Tout le poids reposait sur eux. Contrairement aux apparences, et malgré son âge, Léo restait très compétent.

La force compte souvent moins que l'intelligence et surtout l'expérience du métier.

Après un pari avec une jeune recrue, Louis dut porter un cercueil vide sur trois étages d'un immeuble : belle performance pour une personne près de la retraite.

Nous étions prêts, le cercueil sur nos épaules, et commençâmes la descente. Daniel me tenait par le col de ma veste, et retenait en même temps Gérard par la ceinture de son pantalon.

Les deux premiers étages se passèrent facilement, mais au troisième étage Albert commença à bougonner.

Je serrai les dents, le cercueil me faisait mal aux reins et à l'épaule. Gérard se plaignit à son tour, il souffrait aussi.

Dans ces moments difficiles, Daniel remontait le moral de toute la troupe, par sa sympathie et ses paroles gentilles. Pendant ce temps, les escaliers défilaient sous nos jambes, les bras s'alourdissaient, la respiration se faisait de plus en plus oppressante, la sueur nous coulait dans le cou et sur le visage.

Un seul supportait tout en silence, notre Daniel.

Quel soulagement quand enfin, nous aperçûmes le rez-de-chaussée !

Daniel était prêt, les portes du fourgon ouvertes, il restait présent aussi pour nous remettre en forme et, surtout, présentable.

Après avoir remis correctement les casquettes sur nos têtes, nous nous apprêtions à continuer la cérémonie avec sérieux en oubliant nos efforts passés et la fatigue.

Premier contact

Ma première expérience comme thanatopracteur eut lieu avec une voisine que je connaissais depuis mon enfance.

J'entrai timidement dans la chambre et j'avoue avoir été très maladroit à cet instant. Mon collègue, qui m'accompagnait pour mes débuts, me lorgnait en coin ; je le voyais, mais il avait eu la délicatesse de ne me faire aucune remarque.

En fait, j'avais peur, une trouille énorme de toucher ce corps inerte, à la fois raide et froid. C'était tout nouveau pour moi, je me ressaisis.

À partir de cet instant, je ne regarderais plus le monde qui m'entoure de la même façon.

Je mentirais si je disais que ce jour-là j'ai eu une manifestation, non, mais voilà mes débuts, un peu gauches, dans ce métier de thanatopracteur. Malgré tout, au fil des jours et des mois, je me suis adapté. Je me suis mis aussi, lorsque je me trouvais seul, à dire aux défunts que tout allait bien, qu'ils allaient partir pour un long voyage. Cela me rassurait et pour moi c'était très important de les accompagner de l'autre côté. J'avais l'impression même que certains défunts m'entendaient car leur visage paraissait serein.

J'avais dans mes valises un exemplaire de l'Ancien Testament. Le travail fini, j'ouvrais le livre au hasard et lisais quelques lignes en me recueillant. Dans ce métier, l'approche de la mort se résume à une approche spirituelle pour le défunt, très important pour moi, et à entourer le plus humainement possible les personnes qui restent.

Aujourd'hui, les veillées ont complètement disparu, les défunts sont dans des tiroirs réfrigérés plusieurs jours, on les dépose à l'heure des visites dans des salons luxueux de chambres funéraires, des lieux froids et inconnus pour eux.

En Angleterre, par exemple, pratiquement 99 % des défunts sont transportés dans des chambres funéraires, quittant leur foyer.

Dans le nord de la France, beaucoup de gens recueillent encore leurs défunts décédés dans les hôpitaux, afin de leur rendre un dernier hommage chez eux. Pourquoi effectivement déraciner une personne après son décès, en la plongeant dans un milieu hostile, froid et aseptisé ? Nous ne connaissons pas encore l'autre côté, mais sans doute aurait-elle souhaité être entourée, dans sa maison, de tous ceux qu'elle a aimés.

J'ai appris auprès d'un thanatopracteur anglais que lorsqu'une personne décède, il ne faut pas lui fermer les yeux immédiatement. Quelle erreur de faire ce geste ! Les défunts, pendant quelques minutes, continuent à voir et à entendre : on devrait leur parler doucement, calmement, en évitant les cris et les grandes effusions, pour faciliter leur départ terrestre.

Forme lumineuse

Portant mes valises à bout de bras, je montai les marches d'un escalier, qui craquaient sous mes pas. Il était en bois, avec une rampe en fer forgé. Arrivé au deuxième étage, je sonnai. Des pas se firent entendre de l'autre côté de la porte, le bruit de deux verrous, puis on m'ouvrit. Sur le pas de la porte, une jeune femme, grande, mince, blonde, un tailleur gris pâle, m'invita à entrer. Elle m'amena aussitôt à la chambre mortuaire.

Je découvris une très grande pièce avec un plafond très haut, deux fenêtres donnant sur la rue. De grandes tentures d'un velours épais de couleur vert foncé empêchaient le soleil de pénétrer.

Au milieu, que le lit semblait petit !

Une dame très âgée y reposait. La jeune

femme, qui semblait être sa fille, me désigna des vêtements sur un fauteuil avec lesquels je devais habiller la défunte.

Puis elle sortit, me laissant seul.

Dans cette pièce flottait une étrange atmosphère. Peut-être venait-elle du mobilier qui s'y trouvait : de vieux meubles de couleur noire, probablement ramenés d'un pays d'Extrême-Orient.

J'ouvris mes valises, sortis le matériel, et commençai à travailler, pas très à l'aise, car le lit manquait de stabilité. Chaque fois que je m'appuyais un peu sur le matelas, les ressorts du sommier crissaient.

Après avoir fini les soins de conservation, j'allai chercher les vêtements : une vieille tunique de soie brodée d'or et de fil bleu. Je l'habillai, non sans mal, car cette tunique était un peu étroite. Puis je vins chercher un peigne dans une de mes valises, pour la coiffer, j'entendis un bruit léger comme le son du courant qui passe dans les bornes d'un pylône électrique. Il s'arrêta ; je me retournai et, sans bouger, fixai du regard la défunte. J'essayai de faire le vide en moi, afin d'être le plus réceptif possible à ce qui allait se produire.

Le bruit recommença, se faisant plus incisif et, au bout de trente secondes, je vis apparaître au-dessus du corps de la défunte, à un mètre, une forme lumineuse diffuse dont se précisaient peu à peu les contours : un objet semblable à un œuf blanc de trente centimètres de long. À ce moment-là, je fermai les yeux ; je me tenais debout, les bras le long du corps. Je ne bougeais pas. Et soudain je me trouvai jeté en arrière au sol.

Sidéré, j'ouvris soudain les yeux : malheureusement, j'eus à peine le temps de voir cette forme lumineuse disparaître.

J'essayais pour la première fois d'entrer en contact avec ce qui se manifestait autour d'un corps sans vie.

J'avais sans doute eu tort : cette manifestation d'énergie de la défunte avait été interrompue, malgré ma concentration. Je venais d'assister à quelque chose d'extraordinaire, mais de trop bref : considéré comme un intrus, j'avais mis un terme à cette manifestation.

Peu de gens assistent à ce genre d'accomplissement de la fin d'une vie, pour entrer dans ce que l'on appelle plus simplement la mort.

J'étais là, à ce moment, près de cette défunte, pour qui je n'aurais pas dû être présent. Par ma présence physique et psychique, j'avais contrarié un processus de métamorphose suscité par la seule volonté de cette dame.

Ceci pouvait se passer dans la chambre, ou dans l'obscurité d'une tombe.

Je m'aperçois qu'après la mort physique la pensée d'un mort continue à émettre une certaine énergie.

Il faut rester vigilant devant ces énergies, qui se trouvent dans des signes, images de la reconnaissance humaine, car les familles les laissent trop souvent passer, submergées par leur chagrin.

Mystère

Je poussai le portillon du jardin d'une maison ancienne construite au fond d'une impasse. Aussitôt, la femme du défunt m'ouvrit la porte, elle m'attendait avec impatience. C'était un couple d'une soixantaine d'années, elle m'amena dans la chambre de son mari, rapidement et sans détour.

Silencieusement, d'un regard, elle me montra la chaise où se trouvaient les habits. La garde-robe s'avérait soignée, chemise blanche impeccable, cravate, un costume gris de qualité, des chaussettes noires avec des chaussures à lacets.

Je posai mes deux valises parallèlement au lit, à un mètre derrière moi et commençai à déshabiller le défunt. Soudain, je sentis comme le glissement d'une masse invisible dans la pièce. Je regardai tout autour de moi et ressentis quelque chose d'anormal tout à coup. Cela me fit penser au corps rampant d'un serpent qui se déplaçait.

Dans la semi-obscurité, cette impression me semblait encore plus palpable. Je ne voulais pas déjà parler de manifestation mais pressentais quelque chose. Le temps me parut long, car cela dura quand même un bon quart d'heure. Reprenant mes esprits, je m'activai un peu car j'avais pris du retard.

Les finitions dans l'habillage d'un défunt demeurent longues, car il faut être minutieux. Après l'avoir rasé, habillé, peigné soigneusement, tout paraissait en ordre dans la chambre et le calme enfin revenu.

J'avais changé les draps. Comme à mon habitude, je pris ma bible et, au hasard, l'ouvrit pour lire l'Ancien Testament.

Immédiatement se succédèrent des bruits sourds dans les murs de la pièce. Suffoqué, pétrifié de peur, je restai debout, immobile, ma main sur la page ouverte. Je respirai profondément pour ne pas paniquer et sortir en courant.

C'était au début de ma carrière et j'avoue avoir eu une sacrée frousse. Je finis quand même ma phrase avec courage et tout s'arrêta. Je fus étonné que la dame ne vienne pas me demander ce qu'il se passait, elle n'avait peut-être rien entendu !

Je sortis enfin, j'avais fini. Je rejoignis la veuve qui trouva, si l'on peut s'exprimer ainsi, son mari très beau. Je m'apprêtais à quitter cette demeure, quand soudain, l'air inquiet, elle me demanda si j'avais entendu ces bruits. Je ne pus qu'acquiescer.

Elle m'avoua que cela n'arrivait pas fréquemment, mais qu'elle connaissait ces bruits depuis longtemps. Leur maison, m'expliqua-t-elle, était construite sur un cimetière et des esprits, certainement, se manifestaient. Cette personne avait l'air sensée. Elle n'inventait rien pour la bonne raison que moi-même témoin, je pouvais confirmer ce qu'elle subissait depuis de nombreuses années.

Gentiment, elle m'emmena dehors pour faire le tour de la maison. Elle ressentait le besoin de se confier.

La maison se parait de murs solides, construits grâce à de grosses pierres venant d'une carrière. Avaient-elles gardé la mémoire d'un lourd passé ?

J'aurais parlé des heures avec cette dame qui semblait être très intéressée par ces phénomènes, mais, à mon grand regret, il se faisait tard et je devais quitter ces lieux mystérieux.

Au fond d'une campagne

La neige tombait à gros flocons, de gros flocons qui recouvraient peu à peu la route que j'empruntais le plus prudemment possible. Ma voiture était bien chauffée, heureusement, car il faisait un froid glacial.

Mes essuie-glaces marchaient bon train, car la neige très dense m'empêchait déjà de voir le capot de mon véhicule.

La campagne, malgré tout, attirait mon attention par tant de beauté.

Un épais manteau de neige recouvrait tout, une féerie.

Malheureusement, je ne faisais pas de tourisme, j'allais préparer un défunt pour son dernier voyage.

Devant moi, de petites maisons se dessinaient. On m'avait indiqué la première à gauche avant d'entrer dans le village, qui semblait dormir sous cette couche épaisse de neige.

Je me garai devant un portail ; à la fenêtre un rideau bougea, j'aperçus un visage d'enfant.

Je descendis de la voiture avec mille précautions, car le sol par endroits était gelé, et pris mes valises que je tenais fermement.

Aussitôt avais-je frappé à la porte qu'une dame vint m'ouvrir. Je sentis la douce chaleur de l'âtre.

Cette dame, la veuve, m'expliqua que son mari, en allant couper du bois, s'était effondré. Une crise cardiaque sans doute.

Aidée par la voisine, elles avaient traîné son mari jusque dans la petite chambre. Encore couvert de boue, je compris, en le regardant, que pas mal de travail m'attendait.

La chambre n'était pas chauffée, et finalement, pour le défunt on ne pouvait rêver mieux.

Je commençai à le nettoyer : il s'était blessé au cou en tombant sur une bûche, alors qu'il coupait son bois.

La clarté qui régnait dans la pièce s'estompa peu à peu. Absorbé par mon travail, je m'aperçus que j'y voyais mal. Je me dirigeai vers l'interrupteur de la chambre. La lumière d'un coup se fit trouble, comme si une brume envahissait la pièce. Je distinguais à peine le corps, je ne bougeai plus de peur de renverser quelque chose.

Je me tenais près de la porte et je pus voir soudain, à deux mètres environ du lit, deux petits points luisants apparaître. Ils se transformèrent en deux boules rouges lumineuses, qui se mirent à briller.

À cet instant, je gardai mon calme : une manifestation se produisait... Je pris l'initiative de converser dans ma tête, en bougeant juste les lèvres, je savais que le mort pouvait encore interpréter mes phrases. Une explication très simple suffirait pour le tranquilliser et de ce fait aider son âme à partir.

C'est ce que je fis, lui disant que sa femme m'avait demandé de le préparer pour ses obsèques.

J'avais été autorisé à pénétrer à l'intérieur de la maison, raison pour laquelle il me voyait m'occuper de lui.

À cet instant, je sentis sa main, sans qu'elle bouge. Une chose incroyable, ce dont je rêvais depuis tant de mois se produisait : j'avais réussi à me faire comprendre par de simples pensées.

Les deux boules rouges diminuèrent peu à peu, puis disparurent, la brume se dissipa et, en même temps, au niveau du crâne du défunt, j'entendis un bruit de battement d'ailes comme celui d'un oiseau prenant son envol.

Ce bruit se déplaça dans la chambre. Je le suivis du regard, faisant le tour des murs, puis ce furent des coups contre la vitre comme si un oiseau voulait sortir. J'ouvris la fenêtre, le bruit disparut aussitôt. Je restais stupéfait, mais récompensé de tant de patience.

Je venais de communiquer avec un défunt.

Les rideaux

Il arrive parfois que l'on se trouve confronté directement à une manifestation de l'au-delà, après l'avoir engendrée sans le vouloir.

L'obscurité remplissait la chambre où le défunt reposait, la famille ayant jugé bon de tirer les rideaux. Mais la lampe de chevet ne me suffisait pas pour travailler. Je pris l'initiative d'ouvrir les rideaux, on avait refermé les rideaux.

Une fois fait, je sortis les instruments de mes valises, mais je remarquai que je n'y voyais pas plus que tout à l'heure. Je regardai du côté de la fenêtre : on avait refermé les rideaux.

Pensant que la famille entre-temps était revenue dans la chambre mortuaire, j'ouvris les tentures à nouveaux.

Cette fois, les rideaux se fermèrent sous mes yeux. Je compris à cet instant qu'avait lieu « une manifestation ».

Depuis mes dernières expériences, je me tenais à l'écoute des défunts. J'obéissais à leurs désirs. Apparemment, ce monsieur ne voulait absolument pas de la lumière : il me le faisait comprendre d'une façon très explicite.

Je dus donc me contenter de travailler à la lueur de la lampe.

Afin de tranquilliser son âme et de l'aider à partir, je ne jugeai pas nécessaire d'aller contre sa volonté. J'avais eu raison car, je l'ai appris bien plus tard, lorsque le défunt refuse les soins, des tas de problèmes surviennent et les thanatopracteurs le ressentent dès leur arrivée dans la chambre. En somme, ils sont les psychologues de l'âme des morts.

Une surprise de taille

Lorsque je pénétrai dans la chambre, le défunt se tenait là, le visage émacié, les cheveux gris. Il s'agissait d'un homme d'environ soixante ans.

Il portait un pyjama gris rayé avec des lignes blanches.

Dès mon arrivée, mon regard fut attiré par une grande glace juste en face du lit. À travers celle-ci, je vis l'homme dont j'allais m'occuper.

La porte de la chambre était fermée. Je demeurais seul avec lui. J'entendis d'une pièce commune, où attendait la famille, une musique sacrée.

Je souris tristement.

Soudain, la musique s'arrêta et l'ampoule du plafonnier s'éteignit puis se mit à clignoter. J'eus un sursaut. Je surpris à travers le miroir un halo lumineux entourant cet homme.

Je me retournai brusquement et vis le corps, tout à fait normal, comme je l'avais trouvé en arrivant dans la chambre.

Mais en jetant de nouveau un regard, je perçus la présence de ce halo lumineux. Je me retournai afin de me rendre compte de cet état de chose. La musique reprit et, à ce moment-là, quelle ne fut pas ma surprise de voir ce corps se soulever et retomber sur le lit.

Je fis un bond en arrière en maîtrisant mon émotion. Quelques secondes plus tard, tout reprit son calme.

Que voulait me dire le défunt ?

Était-il heureux d'entendre cette musique religieuse ou tout simplement n'approuvait-il pas ?

Cela restera une énigme quelque peu étrange.

Mort prématurée

Après avoir fini mon travail, je regardai cette petite fille âgée seulement de six ans, décédée accidentellement d'une noyade.

Maintenant, elle semblait dormir.

J'avais soigné particulièrement mon travail pour faire disparaître les stigmates de la mort. Ce visage d'effroi et cette souffrance que nous, les thanatopracteurs, devinons.

Je rangeais mes affaires dans les valises prévues à cet effet quand je sentis soudain sur mon épaule droite une pression, comme si quelqu'un m'effleurait. Sur le coup, je crus que la famille était entrée pour me parler. Mais personne...

Je continuai à ranger. En prenant mes valises, je sentis qu'elles paraissaient légères. Ma main droite restait soudée à la poignée : impossible de l'enlever. Que se passait-il ?

Cela dura quelques secondes qui me parurent interminables. J'étais confus.

Je regardai la petite fille, qui semblait toujours dormir.

Que voulait cette enfant ? Que voulait-elle me dire ?

Je sortis de la chambre, très troublé, et m'en allai avec beaucoup de questions en tête…

Battements

Il s'appelait Pierre, alias Monsieur Pierre : un antiquaire spécialisé dans les meubles du XVIIIe siècle. Il jouissait d'une certaine notoriété dans la région. Aujourd'hui, son décès faisait la une des journaux.

Sur la route pour aller chercher du mobilier chez un particulier, un camion n'avait pas respecté la priorité ; la collision, inévitable, s'avéra d'une extrême violence. Les pompiers eurent énormément de mal à sortir le corps du pauvre malheureux, encastré sous le camion parmi les débris de tôle.

Maintenant, il se retrouvait là, à la morgue municipale. Sa famille, présente, m'avait apporté ses effets afin que je le prépare pour les obsèques.

Son corps reposait sur une table d'autopsie en émail blanc. Les blessures graves et très profondes rendirent mon travail affreusement difficile.

Je commençai à le laver, tout en douceur, avec une éponge. Tout à coup, j'entendis des bruits sourds résonner dans le milieu du corps. En entendant cela, je lâchai subitement l'éponge.

Les bruits se firent entendre de plus belle. La peur succéda à la stupeur.

Je ne bougeais pas, j'écoutais. Je mis la main sur sa poitrine et ressentis alors des vibrations. Je ne comprenais pas ce qui se passait, et l'envie de quitter les lieux m'effleura un instant.

Peu à peu, les battements s'amplifièrent et résonnèrent dans toute la pièce. Je voyais la poitrine à découvert, dépecée par le pare-chocs du camion, j'apercevais le cœur en bouillie. Impossible qu'il puisse redémarrer ; pourtant, je ressentais la grande intensité de ces battements.

Je regardai sous la table en vain : je ne trouvai rien. Je cherchai dans toute la pièce, afin d'élucider ce mystère et de trouver une explication rationnelle.

Confrontés à ce type de phénomènes, même si le métier nous prépare à ce genre d'éventualités, nous ne pouvons pas rester de marbre.

À la réflexion, tout cela ressemblait à une décharge d'énergie du corps survenue quelques heures après sa mort physique.

Mais souvent, lors d'une manifestation, le cadavre s'adresse à la personne qui pourrait « le recevoir » et surtout « l'entendre ».

Et j'étais cette personne : grâce à d'autres expériences, déjà je commençais à m'habituer peu à peu à ce monde de l'étrange.

Lévitation

Après avoir signé le registre des entrées du personnel travaillant à la morgue, je poussai une porte blanche à deux battants qui me donnait accès à la salle réfrigérée, où les corps attendent que l'on vienne les chercher.

Je traversais une petite allée de part et d'autre de laquelle se succédaient des box individuels avec une étiquette identifiant le cadavre.

Les cloisons de séparation, les rideaux ainsi que les murs, tout était blanc. Le box dont je devais m'occuper se situait au fond à droite, le dernier donc.

Poussant les rideaux, je me rendis compte de la difficulté de la tâche. Il s'agissait d'un homme d'une soixantaine d'années victime d'un assassinat, petit et trapu, un visage taillé au couteau. Son corps baignait dans une mare de sang sur sa civière. Sa femme lui avait tiré dessus avec un fusil, car l'homme, alcoolique et violent, la battait régulièrement. Cela durait depuis des années. Pour sortir de cet enfer, la malheureuse, n'en pouvant plus, l'avait tué.

Il faisait froid, le moteur réfrigéré de la morgue marchait à fond.

Sur la poitrine, je voyais les points d'impact des deux balles ayant causé la mort. En le regardant, je ressentis une sensation de malaise, un peu comme si le mal émanait de cet homme.

Je souhaitais en finir le plus vite possible. Après un lavage à grande eau, je commençai à le sécher avant de le recoudre.

Je me retournai pour prendre du coton. Je vis soudainement le corps se soulever de la civière, à environ un mètre ! Incroyable à voir : je me retrouvais confronté à un corps en pleine lévitation. Plié en deux, il se tenait quasiment parallèle à la civière.

Je passai ma main en dessous du corps, essayai d'appuyer dessus, mais impossible de le bouger. Son corps semblait d'une rigidité inouïe, je ne reconnaissais plus le toucher mou de la chair, tout était devenu extrêmement dur, notamment les membres, le torse et les jambes.

Ne comprenant rien à ce qui se passait, je pris mon scalpel. À peine mis-je la lame sur la peau du défunt qu'il retomba brutalement sur la civière, qui vacilla. Le corps tomba sur le sol. J'essayai de le prendre sur mes épaules, mais en vain.

Je repensai au corps qui s'était levé, malgré la mort biologique du cerveau. L'esprit de cet homme négatif m'empêchait purement et simplement de m'occuper de lui.

Il fallut que j'aille chercher de l'aide auprès de mon collègue, qui comprit très bien la situation. Nous le remîmes sur la civière afin de continuer les soins et surtout l'habillage qui promettait d'être très difficile. Encore une manifestation de refus d'un défunt...

Le fantôme

Un jeune homme venait de mourir dans son appartement. Au retour des courses, sa jeune épouse l'avait découvert dans la salle de bains, inanimé. Apparemment, il s'était électrocuté comme le chanteur Claude François, mais lui voulait simplement réparer sa machine à laver, un cadeau de mariage offert au jeune couple.

Lorsque j'arrivai au domicile, la police et le médecin légiste venaient de quitter les lieux.

Je me trouvais là, bien entendu, pour procéder aux soins de conservation et à l'habillage.

Ce jeune homme, bien bâti, mesurait un mètre quatre-vingts pour quatre-vingt-dix kilos.

Je lui mis son costume de noce. Après avoir terminé, toujours le même rituel, je rangeai correctement le matériel dans la voiture. Cela fut fait rapidement, et je laissai un moment le moteur du véhicule tourner. J'en profitai pour consulter mon agenda, afin de me rendre compte du travail qu'il me restait à accomplir.

Machinalement, je levai les yeux en direction de mon rétroviseur. Je vis la maison derrière moi, et soudain le même personnage que je venais d'habiller sur le pas de la porte.

Il regardait dans ma direction, m'adressant un signe d'au revoir.

Je demeurais paralysé par ce spectacle !

Les contours de son être, lumineux et transparents me permettaient de voir le fond du décor à travers à lui.

Lorsque je me retournai afin de mieux voir cette apparition fabuleuse, il se tenait toujours sur le pas de la porte.

Mais cette fois, il souriait, l'air heureux, en me regardant. Il portait bien son costume de mariage.

Je descendis donc de la voiture, profondément subjugué par ce phénomène.

Il n'avait pas bougé. Alors que je me dirigeais vers lui, la porte d'entrée s'ouvrit et un membre de la famille sortit. Je vis alors quelque chose d'étrange : cette personne passa à travers ce rayon lumineux sans s'en douter.

Malheureusement pour moi, cette apparition soudaine et inimaginable s'estompa.

À ce stade de la mort, il semble que le défunt dispose d'un certain temps pour voir et aller à la rencontre des autres vivants.

Les familles en deuil ne doivent pas ignorer qu'elles peuvent encore, pendant que le corps est visible, communiquer avec le mort.

Même si le langage oral s'avère inexistant, il faut s'attendre à d'autres manifestations en tous genres. J'ai remarqué au fil de mes expériences que chaque défunt utilise sa propre manière de nous faire comprendre que derrière la mort, une autre vie commence.

Peut-être sont-ils heureux de nous faire savoir qu'un autre monde nous attend...

Et à ce moment-là, la peur doit disparaître de notre cerveau, pour laisser la place à cette immensité que nous ne connaissons pas.

Et le défunt pourra s'éloigner avec une certaine paix.

L'armoire

Il était déjà tard, lorsque le téléphone sonna à mon domicile. À l'heure où les familles se réunissent devant le poste de télévision, il m'arrive de travailler, mais je ne m'en plaindrai pas car j'aime ce que je fais.

Après avoir parcouru une trentaine de kilomètres, j'arrivai enfin à l'adresse du défunt.

Grâce aux lumières, j'aperçus une grande maison blanche et je me rendis compte que je ne serais pas seul à l'intérieur. Contrairement à d'habitude, on pouvait voir de nombreux véhicules garés dans le jardin.

Je sortis immédiatement mes deux valises de la voiture et sonnai à la grille. Aussitôt, un homme vint m'ouvrir. Il s'agissait du frère de la défunte. À peine franchi le seuil, tous les regards se tournèrent dans ma direction.

Le frère m'accompagna. Je montai les marches d'un splendide escalier de marbre blanc, de part et d'autre duquel étaient pendus aux murs de grands tableaux représentant des scènes religieuses.

Enfin, au premier étage, au fond du couloir, à droite, il m'indiqua la chambre de sa sœur décédée. Celle-ci reposait sur le lit près d'une minuscule lampe de chevet. À mon arrivée, les personnes qui la veillaient se levèrent sans que je le leur demande. Tout se passa dans le silence. On me donna des draps propres, ainsi que les vêtements nécessaires à l'habillage de la défunte.

Je fermai la porte, afin de pouvoir commencer les soins. Je choisis d'allumer le plafonnier, pour y voir plus clair.

En même temps, j'ouvris légèrement la fenêtre pour me donner un peu d'air frais, et dissiper l'odeur de cette chambre.

Tapissée d'un papier bleu ciel à rayures saumon, la pièce contenait pour seuls meubles une armoire à deux battants et une table de chevet. La défunte, jeune, trente-cinq ans, de taille moyenne, blonde, fut terrassée par une crise cardiaque.

Je la déshabillai et commençai à faire le nécessaire pour les soins de conservation. Il se passa une bonne demi-heure, lorsque j'entendis derrière moi un bruit, comme si quelqu'un fermait les volets.

Les portes de l'armoire venaient de s'ouvrir et une partie du linge de toilette jonchait le sol.

Je ramassai les serviettes de bain, les replaçai et fermai instinctivement les portes de l'armoire à clef.

Je poursuivis ma mission, mais les bruits se répétèrent. Je me retournai brutalement et ce que je vis en aurait fait fuir plus d'un. Les portes s'étaient ouvertes comme précédemment, alors que j'avais pris soin de tourner la clef, mais en plus le linge avait été jeté par terre juste devant moi.

Une fois l'armoire vidée, les portes s'arrêtèrent de battre.

Le corps, bien entendu, n'avait pas bougé. L'explication que je pourrais donner à cette manifestation : c'est que la défunte partie trop brutalement se demandait ce que je faisais là, à la déshabiller et à lui administrer les soins de conservation. Son mécontentement se ressentait bien dans sa façon de bousculer les choses autour d'elle.

Avec l'énergie qu'il lui restait encore de sa vie terrestre, elle avait tourné la clef de l'armoire afin que je puisse voir le linge par terre. Sa présence était bien réelle.

Je la regardai. Elle avait l'air d'une personne très prude et très réservée. On lui infligeait très certainement des choses qui la contrariaient ; en tout cas elle se considérait encore parmi nous...

Dans ce cas-là, je ne pouvais pas lui venir en aide, en si peu de temps.

La chaleur

Je me garai devant une petite villa aux murs de brique ocre.

Sur le perron m'attendait une femme d'une quarantaine d'années : la femme de ménage. Je la suivis jusqu'à la chambre qui se situait au rez-de-chaussée.

Elle m'ouvrit la porte et la referma derrière moi, sans un mot.

La lumière du lustre éclairait le défunt, un homme âgé d'une soixantaine d'années entièrement nu, reposant sur le lit les bras en croix.

Je commençai à travailler et, au bout d'une bonne demi-heure, alors que je me tenais penché sur le corps pour le nettoyer, je sentis soudain monter une chaleur.

Je me relevai et ne remarquai rien d'anormal autour de moi.

Reposant mes mains sur le cadavre, je sentis alors une chaleur qui se dégageait subitement du corps. Je lâchai immédiatement le bras du défunt. J'essayai de toucher à nouveau le corps, mais impossible !

La température du corps devenait de plus en plus élevée. Je ne pouvais plus travailler sous peine de brûlures. Au bout de cinq minutes, cela empira, je ne pouvais plus m'approcher du cadavre.

Ça rendait l'atmosphère insupportable.

J'étais stupéfait !

Extérieurement, le corps n'avait pas changé, aucune fumée ne se dégageait du cadavre.

Le mort en quelque sorte refusait par cette chaleur diffuse que je m'approche de lui : il me tenait éloigné.

Ce phénomène dura un bon moment, et, aussi rapidement qu'elle était apparue, la chaleur diminua jusqu'à disparaître complètement.

Tout redevint normal. Je venais une fois de plus d'assister à un refus.

La religieuse

Je me dirigeai vers la sonnette de la porte d'entrée de cette communauté religieuse. Au bout d'un petit moment, des pas feutrés se firent entendre. Une lourde porte s'ouvrit et je découvris une immense bâtisse perdue au sommet d'une montagne. Y accéder n'avait guère été facile, il m'avait fallu prendre un petit chemin très étroit.

Une religieuse apparut, me fit entrer, et sachant d'avance à qui elle avait affaire, me fit signe de la suivre. Un grand couloir obscur s'étendait devant moi, éclairé seulement par de petites lucarnes. Des murs blancs, des petites portes en bois de chêne foncé défilaient devant mes yeux. Un immense silence pour ajouter à l'émotion me donnait presque le vertige.

Je ressentais une étrange sensation qui m'étreignait le cœur. Je découvrais un autre monde que je ne connaissais pas et que je découvrais pour la première fois de ma vie.

La religieuse s'arrêta devant une petite porte, elle l'ouvrit, et m'invita à entrer, mais elle s'en alla. J'entrai donc seul dans la pièce.

Tout était blanc, comme on peut l'imaginer, à l'exception du mobilier, sommaire, un bureau, une chaise, une petite armoire ainsi que le nécessaire pour la toilette, un lavabo avec une glace. La défunte reposait sur son lit complètement nue, et paraissait avoir dans les soixante-dix ans.

Une fois les soins de conservation terminés, je commençai à l'habiller. Je tenais sa robe noire dans les mains, lorsque soudain émana de son corps une odeur qui ressemblait à un parfum de fleur. J'eus un sursaut et en lâchai la robe.

Je m'aperçus que sur le visage coulait un liquide incolore, comme des larmes. Je touchai de mes doigts ; c'était pâteux, et l'odeur commençait à me rappeler la senteur du mimosa. Cette odeur délicieuse embauma toute la pièce.

Le liquide n'en finissant pas de couler de ce visage, je décidai de protéger l'oreiller, afin que la tête ne soit pas entièrement mouillée. Tout s'arrêta, heureusement. L'odeur persistait toujours lorsque je quittai la pièce.

Une manifestation des plus étranges, dans une sérénité et une paix inébranlables.

Aussi bizarre que cela puisse paraître, je sortis léger, très léger.

Ne pleure pas

Ils avaient choisi une station de radio qui diffusait des chants religieux. Elle se répandait dans l'appartement. Toute la famille était présente, le grand-père venait de décéder à l'âge de quatre-vingt-six ans.

Enfermé dans la chambre, je travaillais au son de la mélodie, accompagné de sanglots.

La musique adoucit les mœurs, dit-on !

Mon travail terminé, je sortis de la chambre et invitai l'assistance à venir voir le défunt.

Tout le monde entra, dans le silence complet, fixant le vieil homme sur son lit mortuaire. Soudain, la musique se brouilla – sans doute des parasites sur le poste de radio –, remplacée par des bruits étranges.

Lorsque celle-ci reprit, un jeune gamin s'approcha de sa mère et lui dit :

— Ne pleure plus, grand-père ne pourra pas partir, il te sent trop malheureuse.

Cette phrase avait résonné comme un tintement de cloche et tous les yeux restaient maintenant fixés sur la pauvre femme. Elle le reprit :

— Que me racontes-tu là ?!

Cette fois, une petite fille, âgée de sept ans à peine, prit la parole et réaffirma ce que le jeune garçon avait dit. « Nous avons entendu grand-père parler à la radio. »

Incrédule, tout le monde se regardait, tentant de mesurer ces propos mais personne ne semblait plus comprendre grand-chose.

En fait, ce qui venait de se passer, c'est que les ondes de la radio avaient été brouillées par la seule puissance de l'âme du défunt, qui avait parlé non dans le langage que nous employons, nous, les vivants, mais comme l'on peut le faire avec l'esprit dans l'au-delà.

Je cherche à démontrer ici que dans la majorité des cas les enfants demeurent les plus réceptifs aux manifestations de l'au-delà.

De par leur esprit moins complexe peut-être se posent-ils moins de questions ?

Voilà le constat que j'ai pu faire durant ma carrière.

Et si je peux reprendre des paroles bibliques, le Christ s'adresse aux fidèles en disant que l'on s'adresse à lui comme des enfants.

Le marin

Après avoir fait le tour du monde durant toute sa vie, il venait de décéder dans cette petite ville où il passait une retraite bien méritée. Militaire de carrière, il était affecté en tant que cuisinier dans la marine nationale.

Pour toute famille, il n'avait qu'une fille, qui se trouvait à son chevet. Malheureusement, sa femme l'avait quitté, décédée quelques années auparavant dans un accident de voiture.

Âgé de soixante-dix ans, il demeurait bien conservé : grand, mince et comme de nombreux marins, il portait ces inévitables tatouages.

À son cou pendait un médaillon, accroché à une chaîne en or.

Ce médaillon en forme de cercle reposait sur sa poitrine velue.

Je commençai à le déshabiller, et à prendre quelques instruments dans ma valise lorsque, soudain perplexe, je m'aperçus de la disparition du bijou. À la place, dans la chair tatouée, comme gravée au fer rouge, il ne restait plus qu'une empreinte rougeâtre.

Cela se déroula en l'espace de quelques secondes.

Le médaillon s'était volatilisé purement et simplement.

Inutile de vous dire que cette journée de juin restera gravée dans ma mémoire.

L'artiste peintre

Les volets de la maison étaient clos. J'attendais près de la porte d'entrée que quelqu'un vienne m'ouvrir.

Quelques instants après mon arrivée, une dame finalement ouvrit la porte, une femme aux cheveux blancs.

Dans le salon, les meubles cirés répandaient une agréable odeur.

De nombreux tableaux tapissaient les murs.

Le défunt, cousin de cette femme, reposait au premier étage. C'est en venant lui rendre visite qu'elle le découvrit décédé dans son lit.

Je remarquai en regardant la collection de tableaux une signature semblable au nom du défunt. Quittant le salon, nous commençâmes à monter à l'étage, afin que je puisse le préparer pour les obsèques.

Mais à peine franchi la porte, le désordre et la saleté qui y régnaient me surprirent. De l'escalier à la chambre, tout était poussiéreux, pas un coin épargné, sans compter les toiles d'araignée au plafond.

Le corps reposait sur le lit, à moitié nu, recroquevillé sur lui-même, les yeux fermés, le visage enflé. Malheureusement, dans cet état déjà très avancé, je ne pouvais que l'habiller, et très lentement, compte tenu de sa raideur.

Mon travail terminé, je descendis l'escalier, lorsqu'un fracas incroyable résonna dans toute la maison. Tous les tableaux aux murs s'étaient décrochés et jonchaient le sol. Je partis de cette demeure, sous le coup d'une belle frayeur.

La mariée

Elle était mariée depuis un an à peine. Aujourd'hui, elle se trouvait allongée sur une table en fer à la morgue.

Cette jeune femme avait une trentaine d'années et, bien entendu, la famille voulait qu'elle porte sa magnifique robe de mariée. Une cérémonie qui avait eu lieu par une belle journée d'été, au mois d'août.

Je fis ce que les proches m'avaient demandé mais non sans mal, car avec tous ces petits boutons de nacre et les jupons superposés, habiller une personne allongée et inerte, ne s'avère pas facile.

Une fois la tâche terminée, je sortis un chapelet d'une boîte que l'on m'avait remise.

À peine posé celui-ci, je vis avec stupeur le mouvement du bras droit de la jeune femme en direction de mon avant-bras. Je sentis alors une douce pression sur ma peau ; cela recommença plusieurs fois et s'arrêta net. Le bras glissa et retomba sur la table. Inutile de vous décrire mon émotion. Je regardai une dernière fois cette mariée qui semblait dormir, qui en réalité partait pour l'éternité.

Depuis que l'être humain existe, la mort a fait partie de ses espoirs.

Existe-t-il une vie après la mort ?

Le simple fait de se poser cette question et de penser qu'après la mort il n'y a rien, quelle angoisse !

L'attitude face à la mort est différente selon chacun ou chacune d'entre nous, mais nous mourrons obligatoirement. Si le sujet reste tabou pour certaines personnes, pour d'autres, en parler amène une force qui ressemble à l'espérance. Pour ma part, toutes ces expériences me donnent chaque jour la certitude d'une autre vie après la mort.

L'embaumeur

Le fond de l'air était frais ce matin, ma montre indiquait huit heures cinq. Dans le ciel, le soleil pointait et commençait sa course. Les voitures roulaient assez rapidement, sur notre passage rien ne nous résistait, de pauvres moucherons venaient s'écraser en file indienne sur nos pare-brise.

En tête se tenait le corbillard avec le cercueil, le défunt à l'intérieur. Il s'agissait d'une belle limousine de couleur grise, des tentures noires avec de petits cordons dorés ballottaient derrière les vitres teintées.

Ensuite venait le char qui porte les fleurs, une voiture noire chargée de couronnes et de gerbes mortuaires. Nous suivions, moi bien calé au fond de mon siège, les mains sur le volant. De temps en temps, je jetais un coup d'œil rapide dehors pour voir défiler le paysage.

Ce métier, ceux qui ont choisi de le faire ont des motivations diverses. Le chômage, comme pour mon collègue Daniel : pas d'autre solution pour subvenir aux besoins de sa famille. Michel, par exemple, pas de problème avec ses 120 kilos : le poids des cercueils, ne lui posait pas de problème!

Quant à Vincent, il lui fallait bien travailler, mais il n'aimait pas le contact avec les morts, contrairement à moi : le contact et ce que je ressentais ne m'effrayaient aucunement.

Les véhicules filaient vers un petit village et nous avions rendez-vous avec la famille à l'église, afin de célébrer l'office religieux.

Derrière nous flottait un nuage de parfum de fleurs fraîches, s'échappant des couronnes et gerbes de fleurs.

Au lointain, soudain, nous aperçûmes quelques maisons. L'entrée du village approchait : sur le bas-côté, nous garâmes les véhicules en laissant tourner les moteurs.

Avant de se présenter aux familles, il fallait que les voitures soient impeccables, pas un grain de poussière, nous sortions alors les chiffons lustrants à cet effet. Nous agissions toujours de cette façon, car accompagner le défunt dans sa dernière demeure nécessitait du respect, dans cette tradition. J'allai au corbillard pour inspecter la couronne qui avait peut-être glissé pendant le trajet.

Au moment où je me penchai sur le siège, je sentis une force qui emplit l'habitacle de la voiture. C'était pesant, comme si un fardeau m'appuyait sur les épaules. Ça ressemblait à une onde de force venant du cercueil qui se déplaçait circulairement à l'intérieur. Je m'assis sur le siège, un peu choqué par ce qui venait de se passer. Pourtant, je ne voyais rien, mais je continuais à sentir cette force qui ne cessait de tourner. Je restai sans bouger et fermai les yeux ; je sentis cette onde de force me frôler et m'envelopper. J'essayais de faire le vide en moi, de me calmer, quand soudain des coups frappés aux carreaux de la voiture me tirèrent de cette semi-torpeur. Daniel donna le signal pour repartir vers l'église. Je ne dis mot de cette manifestation.

Encore sous le coup de l'émotion, silencieusement je me demandai pourquoi mon collègue ne m'avait jamais parlé de ces choses mystérieuses !

Ressentait-il ces phénomènes ? Je ne pense pas, me dis-je, à le voir si calme.

Je venais pour la première fois de ressentir ce que le corps d'un défunt peut encore libérer d'énergie. Son âme manifestait sa présence, sans aucun doute.

Au pas, les deux voitures montaient silencieusement le chemin du village, qui menait à l'église. Le sol recouvert de ces petits pavés de Provence dessinait cependant un chemin très étroit : pour manœuvrer les voitures, il fallait calculer au millimètre près. Il arriva que les parechocs des voitures frôlent les murs des maisons proches.

Le silence régnait, on entendait seulement les craquements des pneus sur le chemin. Au fur et à mesure que nous avancions, des volets se fermaient, des hommes enlevaient leur chapeau et les femmes faisaient le signe de croix.

Des regards se posaient sur nous,

inquiets, certains hostiles. À cet instant, nous restions muets, immobiles dans nos costumes sombres.

Cette attitude à notre encontre paraissait pour moi tout à fait normale, car notre présence reflétait la mort. En somme, nous incarnions la rupture terrestre d'un être humain en l'enterrant.

Le chemin se rétrécissait de plus en plus, l'église était proche, on l'apercevait et les gens se faisaient nombreux. Nous avions arrêté les véhicules devant l'escalier en pierre, délavé par le temps. Sur le parvis de l'église, le prêtre se tenait dans sa soutane blanche, la soixantaine environ, les mains croisées. Il nous attendait.

Nous sortîmes des véhicules et commençâmes à nous affairer, à porter en premier les couronnes et les gerbes destinées au défunt, près de l'autel où nous allions déposer le cercueil.

Enfin, j'ouvris l'arrière du corbillard, et aidé de Michel, je sortis le cercueil. Daniel, lui, faisait office de maître de cérémonie ; celui qui s'occupe de diriger la famille en deuil, pour le déroulement funèbre. Lui seul symbolise le lien entre le côté vivant et le défunt.

La famille s'approcha, à la vue du cercueil, nous restâmes immobiles, sans parler, les casquettes sur la tête.

Le prêtre descendit les marches pour dire, à voix basse, quelques mots réconfortants aux proches. Il salua cérémonieusement le cercueil en guise de prière et fit le signe de croix.

Ils remontèrent tous les marches et se dirigèrent dans l'église aux grandes portes ouvertes.

Mon collègue et moi-même étions les seuls de la même taille, rendant plus facile le port du cercueil. Il fallait avancer sans que celui-ci bascule vers l'avant.

Voilà un exercice peu aisé, et, quelquefois, ceux qui débutent dans le métier se retrouvent avec des hématomes sur les épaules.

En premier, Michel et moi, nous tirâmes le cercueil, puis Daniel et Albert prirent l'autre bout et le soulevèrent. Cela devait faire dans les 120 kilos. Il fallait se débrouiller afin que la gerbe du dessus ne tombe pas. Et c'était tout un art.

Après avoir saisi les poignées d'un coup sec, on le porta à l'épaule. Il fallait le caler bien à plat, et surtout ne pas prendre l'arête du cercueil.

Je me tenais à gauche et attrapais donc la poignée dudit côté avec la main droite ; mon collègue fit de même. D'un mouvement de rotation, nous nous mîmes en face des marches, prêts à avancer dans l'allée.

Le parvis se tenait sous nos pieds et les grandes voûtes de l'église me donnaient le vertige, au fond de moi-même la sensation d'être petit sous ce plafond de pierre ; les vitraux qui filtraient la lumière du soleil semblaient nous regarder, faits et gestes. Cette sensation d'être confronté à l'infiniment grand et l'infiniment petit.

Au fur et à mesure que nous avancions dans l'allée centrale, au milieu des chaises, les gens firent le signe de croix sur notre passage. Nos mains serrèrent fortement les poignées du cercueil, celui-ci commençait à peser sur nos épaules meurtries.

Devant l'autel, nous le descendîmes doucement et le posâmes sur deux plots en bois prévus à cet effet.

Nous sortîmes de l'église en prenant discrètement l'allée latérale et, comme convenu, l'un de nous resta à l'intérieur afin de nous avertir de la fin de l'office.

Pendant ce long moment nous attendîmes, chacun vaquant à son temps de repos. Michel, lui, s'amusait à jeter des pierres contre un arbre. Je m'asseyais sur les marches du parvis. Dehors, pas âme qui vive : tout le village ou presque se trouvait à l'intérieur de l'église. Je pensais à ce qui m'était arrivé dans le corbillard. Avais-je été le témoin de l'envol de l'âme du défunt ou d'un phénomène que mes moyens d'être humain ne me permettaient pas de comprendre ?

Je décidai de me concentrer davantage à l'avenir pour essayer de pénétrer dans le mystère des manifestations de l'au-delà.

Le mystère de la mort ne peut être résolu n'importe comment : bien sûr, il faut une certaine aptitude spirituelle, psychique. Être près des morts corporellement, c'est être près des portes de l'Inconnu, le plus longtemps possible pour y familiariser son esprit, afin de les franchir.

L'office terminé, Daniel nous appela.

La sortie du cercueil importe autant que l'entrée. En effet, après avoir écouté les paroles réconfortantes du prêtre, la famille endeuillée se retrouve à la sortie de nouveau face à la triste réalité. Pour l'être humain, cela correspond à un arrachement tandis que, pour le défunt, cela me fait penser à une autre naissance dans un autre univers.

Près du cercueil, chacun de nous reprit sa place, face à l'autel où se trouvait le prêtre, les mains jointes. Techniquement, cette partie du cérémonial s'avère des plus délicates ; en effet, nous ne pouvions pas sortir à reculons. Il nous fallait tourner et éviter surtout de trébucher sur les plots de bois qui avaient supporté le cercueil.

Suivis par le cortège funéraire, nous quittâmes l'obscurité de l'église pour aller vers la lumière du jour.

Dehors, le soleil était au plus haut, nous avions descendu les marches, puis mis le cercueil dans le corbillard après avoir fermé les portes du véhicule, Daniel se dirigea vers la famille de nouveau, afin d'expliquer la suite du déroulement des obsèques. Nous remontâmes tous dans les voitures, la famille nous suivit cette fois jusqu'au caveau pour inhumer le défunt. Nous nous rendîmes lentement au cimetière.

Quant à moi, tout au long du trajet, je repensai à cette force qui me hantait encore, mais je ressentis une chose. Lorsque je me retrouve seul, ces phénomènes m'arrivent plus facilement.

En fait, les personnes qui sont auprès de moi créent des interférences dans la communication avec l'au-delà.

Cette envie de faire le métier de thanatopracteur ne relève pas du hasard. Je sentais que l'on m'appelait, que l'on voulait établir un contact, aussi simple que cela puisse paraître, entre le ciel et la terre.

Sous les rayons du soleil, un peu comme une voûte céleste, le cortège funèbre avançait lentement au milieu des allées de gravier bordant les tombes. De mon siège, dans mon rétroviseur, je ne pouvais m'empêcher de voir le fils aîné, qui soutenait la maman écrasée par tant de chagrin.

Il nous restait encore quelques mètres à parcourir avant que le défunt ne rejoigne à tout jamais sa dernière demeure.

Nous sortîmes le cercueil et on l'exposa dans l'allée sur des tréteaux.

Le temps du recueillement et de l'adieu pour le défunt était arrivé. Nous nous tenions à l'écart, afin de respecter cet instant sacré.

Un petit moment s'écoula...

Le fils aîné nous fit signe que l'on pouvait commencer à placer le cercueil.

Albert descendit au fond du caveau.

Près de l'ouverture, je le regardais. Il se tenait debout, coincé entre les murs grisâtres et suintant d'humidité. Dans l'obscurité, cela n'allait pas être évident. Daniel me passa les sangles en tissu longues de trois mètres. Elles ne nous quittaient jamais, nous servant exclusivement à descendre les cercueils.

Après en avoir passé une dans les deux poignées de tête du cercueil, je l'enroulai autour de mes épaules, tandis que Michel et Daniel prenaient chacun un côté du cercueil pour le poser en équilibre au bord du caveau. Ainsi, le plus lentement possible et en accord, nous le fîmes descendre en retenant les sangles de toutes nos forces. Je supportais tout le poids du cercueil, atrocement lourd, la sangle me compressait les chairs autour des épaules. Albert, en bas, le tirait à lui pour qu'il aille juste se coucher dans la longueur. La descente était interminable, la plus lente possible, la sueur m'inondait le front, Michel surveillait les opérations et m'enleva la casquette qui m'avait glissé sur les yeux. L'effort me faisait grimacer et Albert, lui, ne semblait pas mieux que moi, coincé contre le mur sous le poids du cercueil qu'il dirigeait. Il fallait se concentrer au maximum pour éviter une catastrophe : si je lâchais, le pauvre Albert se faisait écraser proprement.

D'un coup, je me sentis libéré, le cercueil fut placé, enfin je rangeai les sangles. Albert, satisfait et soulagé, ressortit de la tombe.

Daniel se rendit une dernière fois auprès de la famille : soudain, la vision d'un pourboire m'indiqua que notre travail était apprécié.

Après avoir formulé nos condoléances et remerciements, nous partîmes finir notre pénible journée.

Une petite frayeur

C'était un homme âgé d'une soixantaine d'années, grand et costaud, les cheveux blancs.

J'exécutai comme d'habitude les soins, la toilette et l'habillage.

Mais cette fois, je vis soudain le bras gauche de la personne dont je m'occupais se replier !

Quelle stupeur ! Était-il encore vivant ?! Que faire s'il se réveille ?

Allait-il crier de douleur ?

Je pensai à l'injection de formol...

Devais-je appeler le Samu ? Les pompiers ? Ou la police ?

Une sueur froide me parcourut le corps.

Je me penchai, regardai son visage et examinai ses lèvres, ses yeux, afin de distinguer un seul petit mouvement.

Rien ne se passa, le pouls s'avérait inexistant.

Je me souvins alors qu'un thanatopracteur avait sauvé une personne que l'on croyait décédée.

En regardant de plus près ce phénomène, j'obtiens enfin une réponse à mes questions.

La chemise, retroussée sous le dos, avait sous la tension du tissu replié le bras, tout simplement.

Je me sentis soulagé de ces déductions qui me paraissaient plausibles.

Pourquoi cela ne m'arriverait-il pas ?

De même que ces nombreuses histoires que l'on raconte au sujet des défunts, qu'après avoir ouvert certains cercueils, l'intérieur porte des traces de griffures sans doute faites par les ongles...

Des personnes considérées comme mortes reprennent conscience dans leur cercueil.

Cette fois, le défunt était véritablement mort.

Les bougies

Je me dirigeai vers une ferme un soir d'hiver – il faisait froid... La famille m'attendait dans la salle à manger, le seul endroit chauffé dans la maison.

Je pris le chemin de la chambre et fermai la porte.

En effet, il ne faisait pas chaud dans la pièce, je frissonnais. J'eus quelques difficultés à cause du manque de lumière. La chambre, éclairée par de grosses bougies qu'ils avaient eu la délicatesse de mettre sur une table, sur le chevet et en haut de l'armoire, ce qui me permit d'exécuter ma tâche plus facilement.

Je commençai le travail et, au bout d'un certain temps, je soufflai un peu et m'arrêtai. Après tout, rien ne pressait, vu la température froide des lieux.

Cet homme encore jeune avait environ trente-cinq ans.

Soudain, un bruit étrange se fit entendre, comme un arbre qui s'agite et ploie sous le vent. J'examinai l'environnement, je ne vis rien et ne sentis aucun courant d'air.

La fenêtre était bien fermée et la porte également.

Je repris mon travail et, à l'instant même, les bougies s'éteignirent, l'une après l'autre, me plongeant alors dans une obscurité totale.

Je sortis un briquet de ma poche et me dirigeai vers la table de nuit afin de rallumer au moins une bougie. J'attendis un moment, ne sentis aucun souffle et rallumai les autres bougies.

Je pus continuer ma tâche sans encombre, mais une question se pose encore aujourd'hui : que voulait le défunt ? Pourquoi les bougies se sont-elles éteintes successivement ? Que signifiait cette manifestation ? C'est vrai que dans notre métier, il faut avoir le cœur bien accroché, surtout dans pareille situation...

L’enfant monstre

J’arrivai à l’entrée d’une grande maison bourgeoise. Sur les murs de pierre grimpait du lierre, dont le feuillage d’un vert soutenu donnait beaucoup de charme au cadre. Le parc paraissait vaste, avec des chênes immenses qui devaient être vieux. Je remarquai également quelques platanes. Le chemin menant à l’entrée de la maison était bordé tout le long de bosquets. Cette bâtisse avait l’air bien entretenue. Sur le perron, on m’attendait : un homme d’environ une cinquantaine d’années, tenait la main d’une petite fille âgée de sept ou huit ans. En m’approchant de ces personnes, je remarquai immédiatement les ecchymoses sur le visage de la fillette.

On me fit entrer : ils semblaient pressé que je termine mon travail. L’homme me guida dans un grand couloir sombre. Il y avait de part et d'autre des portes. Cela ressemblait un peu à un hôtel. Il m'indiqua une porte équipée d'un gros verrou à l'extérieur, ce qui me paraissait inquiétant. Je n'avais jusqu'alors jamais vu ce genre d'installation.

Il ouvrit dans un bruit d'acier le verrou et me laissa entrer seul, à mon grand étonnement. J'entendis se refermer la porte derrière moi.

Alors, je fus choqué de voir tant de désordre dans cette pièce plus longue que large. Une tapisserie en lambeaux gisait au sol. L'armoire éventrée laissait entrevoir du linge mal plié. Le lit était à la renverse et le matelas contre le mur. Je pensai : mais c'est une blague ! Le défunt, où se trouve-t-il ?

Je pris le lit à deux mains et retournai le matelas. Un corps plié en deux se trouvait là, à même le sol. Je ne comprenais pas vraiment ce qui se passait dans cette maison.

Je me penchai pour ramasser ce corps inerte, et soudain je m'aperçus que cet enfant ne semblait pas normal. Il n'avait rien d'humain : ses cheveux, plutôt du poil, recouvraient la moitié de son front et lui descendaient jusque dans le cou. Je l'allongeai sur le lit. On aurait dit un petit animal, maigre, avec des avant-bras poilus. Les dents ressortaient d'une mâchoire mal faite, du sang sortait de la bouche de ce gamin. La peau du visage partait en lambeaux comme de l'eczéma mal soigné. Il avait lui aussi des ecchymoses, comme la petite rencontrée tout à l'heure près de son père.

Il fallait faire mon travail, devant cet humain, qui pour moi n'en était pas un. Je dus lui déplier les jambes, chose pas facile, sans doute parce qu'il avait pris l'habitude depuis des années de vivre couché, replié.

Je fis exactement le même rituel que pour les autres défunts et lui aussi eut droit à sa prière. Je me répétai que Dieu aime toutes les formes de vie sur Terre.

Pendant les soins, l'atmosphère s'avéra lourde et je reconnais ma satisfaction d'en avoir terminé.

Le papa m'attendait dans la cuisine. Il eut l'air soulagé de m'entendre dire que j'avais achevé ma tâche. Il fut surpris, étonnamment surpris – vu l'état de la chambre, il avait sans doute pensé que je repartirais. Mais non, nous devons, nous, les thanatopracteurs, faire face à toutes sortes d'éventualités. Le père se confia un peu, il ressentait le besoin de parler. Il m'expliqua qu'avant mon arrivée, le petit fut victime d'une crise de démence, qu'il avait une maladie très grave. Il dut se battre avec son fils qui avait failli tuer sa sœur et l'avait mordue au visage. Effectivement, en voyant la petite de plus près, je constatai qu'elle avait l'air sacrément amochée.

Dans un sursaut, il avait libéré la petite des mains de son fils, l'avait poussé violemment au fond de la chambre, avant de l'enfermer et de pousser le verrou. Le petit avait agonisé, seul, et dans sa violence avait retourné la chambre. Les larmes de ce père étaient au bord des cils, mais il avait besoin de donner ces détails pour se soulager, montrer qu'il n'avait pas pu faire autrement. Je le comprenais.

Ce père de famille avait élevé son fils, une véritable bête humaine, pendant près de quatorze ans.

Je sortis un peu étourdi de cette journée, et choqué, ma pensée s'attachant à ces familles qui doivent affronter de telles épreuves durant des années sans rien dire ni se plaindre.

L'ours en peluche bleu

8 h 15, nous étions tous réunis autour d'un cercueil en acajou qui nous servait de table, Gérard, Michel, Daniel, le vieux Léo, Théo et moi-même.

Dehors il faisait froid, les tasses, que la femme de Léo nous avait servies, remplies de café chaud, fumaient à côté de la boîte de sucre, c'était plus agréable que les gobelets en plastique que l'on utilisait d'ailleurs pour mettre les vis des cercueils.

Le thermos circulait de main en main, entre nous. Buvant à petites lampées, nous savourions ce rare moment de détente entre copains.

C'était toujours Léo, le plus ancien de nous tous, qui faisait rire le petit groupe, avec ses blagues, et tandis que Michel cachait la dent qui lui manquait, tous les rires fusaient de plus belle.

L'hiver, je ne me séparais jamais du manteau que mon père m'avait donné. J'y tenais comme à la prunelle de mes yeux. Il était marron écossais avec un petit col en fourrure de la même couleur. J'ai débuté avec ce vêtement, fier de pouvoir le porter comme l'avait fait mon père à ses débuts de médecin.

Le café fut fini rapidement, car une mission délicate nous atttendait au cimetière.

Notre travail consistait à exhumer le corps d'un enfant de cinq ans. Le travail s'avérait très difficile dans ce cimetière en plein hiver : il y faisait un froid glacial, un vent insidieux se faufilait entre les tombes et s'infiltrait sous nos vêtements.

L'été, à l'abri des tombes, la chaleur demeure étouffante, le terrain mauvais, avec beaucoup de pierres. Les fossoyeurs creusent les tombes à la pelle et à la pioche, souvent avec des bouteilles de rouge pour étancher la soif sous un soleil de plomb.

Nous arrivâmes en voiture à l'entrée du cimetière. Michel et moi-même nous dirigeâmes vers la tombe.

Les parents nous attendaient, ils avaient la quarantaine. Nous allions déterrer leur petit garçon décédé à l'âge de cinq ans.

Les présentations faites, nous nous mîmes au travail. Ma montre indiquait 8 h 30, il faisait un temps doux, juste un peu d'air frais et, malicieusement, les rayons de soleil éclairaient les pierres tombales.

La veille, le fossoyeur avait enlevé la dalle qui reposait sur le sol, laissant apparaître une terre fraîchement remuée.

Michel enfila une paire de bottes ainsi que ses gants.

Mon collègue commença à creuser, tandis que je sortais de la voiture un petit cercueil en chêne pour y recueillir les restes de l'enfant défunt.

Les parents nous regardaient silencieusement. La mère, émue comme le jour du décès, pleurait. Le père, lui, plus courageux, serrait sa femme dans ses bras, moment très douloureux où toute la souffrance du passé ressurgit.

Ils avaient déménagé et voulaient rapprocher leur fils plus près de leur habitation.

D'un commun accord avec la municipalité, ils devaient emporter le corps du petit dans leur voiture personnelle.

Michel, abandonnant la pelle, se servit de ses mains. Il me tendit des ossements, que je mis délicatement dans le petit cercueil, puis un crâne.

Notre tâche macabre se déroulait cérémonieusement, dans le silence. On n'entendait que le chant des oiseaux dans ces circonstances malheureuses. Comme une dernière oraison funèbre pour ce petit garçon.

Michel me tendit de nouveau des ossements, puis me regardant dans les yeux, très ému, il me présenta un petit ourson bleu sali par la terre.

Il m'avertit d'un léger signe de tête qu'il n'y avait plus rien. Je refermai le cercueil et le remis aux parents.

Ils disparurent, serrés l'un contre l'autre, emportant avec eux leur trésor, sous le soleil. Mais cette fois-ci, avec un ciel silencieux et immuable.

La vie n'est pas un long fleuve tranquille...

Le septième étage

Je grimpai une à une les marches et arrivai tout essoufflé au septième étage d'une faculté de médecine de Paris. Je poussai la porte d'entrée, une grande porte vitrée en bois vert, pour me trouver face à un homme d'une cinquantaine d'années.

Il portait une blouse blanche, comme celle d'un charcutier, avec des taches de sang, des bottes de pêcheur et un bonnet de laine bleu sur la tête. Cet homme parlait avec un drôle d'accent – peut-être un Portugais –, mais son mutisme surtout me mit mal à l'aise.

Je fus d'autant plus surpris de voir ce qui s'offrait à mes yeux !

Les corps donnés à la médecine s'entassaient ici. La pièce, immense, s'avérait d'une saleté inouïe, avec des tables de dissection où reposaient des corps apparemment des deux sexes.

Près de moi, sur une des tables, était disposé un corps à la peau verdâtre, faisandé, la tête décalottée à hauteur du front, la boîte crânienne non de loin de là, vide de tout cerveau, les cheveux noirs collés par une substance qui ressemblait à du sang coagulé.

Apparemment, cette femme reposait là depuis trop longtemps, vu son état.

Près de la baie vitrée, quel spectacle ! Trois femmes assez âgées s'entassaient, toutes nues, la bouche ouverte, les yeux fixant un univers invisible.

On était loin du respect que manifeste un thanatopracteur, lui qui use de ses qualités pour redonner vie aux personnes décédées.

Près de chaque table, je vis des bocaux de formol posés là, afin de récupérer ce qui intéresserait les étudiants.

Il régnait là une atmosphère lourde, poussiéreuse, où une épaisse couche de matière inconnue abondait. Le ménage, en quelque sorte, ne semblait pas la principale occupation de cette faculté.

Près de la sortie, je pus apercevoir des grands sacs plastique. En touchant, je reconnus un pied. Avant de partir, je parcourus la pièce d'un dernier regard.

Soudain, je vis arriver une personne avec un bonnet tenant, tout naturellement, une jambe à la main.

J'imaginai qu'elle appartenait à une dame car les ongles étaient vernis, à moins que, pour faire de l'humour, elle ait appartenu à un travesti...

Quelles horribles conditions de travail. J'étais venu tout simplement en stage, pour apprendre ma future profession de thanatopracteur.

Plus une trace

La mort n'est jamais belle, surtout celle que l'on se donne !

Imaginez une petite ruelle étroite, la porte d'entrée d'un immeuble qui vous mène au troisième étage, soudain une petite dame d'une soixantaine d'années vous ouvre la porte, sans un mot, elle vous indique du regard, une porte au fond d'un long couloir.

J'ouvre la porte de la chambre et me retrouve seul dans cette pièce. Un homme se tient là, couché par terre, sur le dos, le visage en bouillie. Un fusil de chasse semble à l'origine du carnage.

Il s'agissait d'un homme d'une soixantaine d'années, en pyjama à rayures bleues, avec une robe de chambre marron.

Sous la tête, il baigne dans son sang. Il reste encore des traces de chair et d'os projetées sur les murs.

Les plombs du fusil ont endommagé le plâtre du mur.

Je peux constater qu'il manque un côté au visage. Le mobilier de la chambre est sens dessus dessous, comme après le passage d'une tempête.

Le temps ne manquait pas pour nettoyer les dégâts, mais je m'empressai d'effacer cette violence.

J'enlevai ma veste, ma cravate, retroussai mes manches afin d'être à l'aise, et enfilai une paire de gants en latex.

Je sortis un gros sac poubelle et commençai le boulot.

Mentalement épuisant, le travail devait être méticuleux.

J'inspectai coin après coin jusqu'à ce que ce soit parfait. Lorsque j'eus terminé je mis le corps sur un grand plastique à même le sol, pour faciliter mon travail et éviter de salir davantage.

La manipulation du corps une fois nettoyé demeure très longue. Je soulève celui-ci par le cou pour glisser la tête dans le sac, j'installe en même temps une bouteille plastique pour surélever la nuque, afin de nettoyer tout le dessous.

Je nettoie également les trous dans le visage et l'entoure de bandelettes. Quand tout se retrouve propre et la tête sèche, je commence à habiller le défunt avec les vêtements que la famille m'a remis.

Je laisse par précaution la tête dans un plastique propre, car lorsqu'il y a des traumatismes faciaux, à l'habillage, les points de suture ou les colmatages peuvent ne pas tenir. Alors, le sang coule et salit les vêtements du défunt.

En fait, il s'agit d'un principe fondamental de la profession : ne jamais tacher les vêtements destinés aux défunts.

Le cas le plus délicat : les femmes décédées accidentellement et dont les familles insistent pour les revêtir de leur robe de mariée.

Pour finir, prenant sous les bras cet homme qui s'était donné la mort, je le portai et le mis sur le lit, puis soulevant les jambes, je l'installai complètement.

Je retirai avec précaution le sac plastique et regardai à l'intérieur. Il n'y avait aucune fuite – cette technique parfaite me donnait un résultat satisfaisant.

Mon travail terminé, je pouvais présenter le défunt dans son lit comme s'il dormait.

L'atmosphère de la pièce paraissait moins angoissante depuis la disparition du sang sur les murs et le sol.

Le défunt reposait désormais sur son lit, et je laissai la dame à sa douleur...

Étrange

Ma montre indiquait minuit. Je sonnai à la porte d'entrée d'un appartement. Soudain, elle s'ouvrit. Une femme se tenait là, d'une cinquantaine d'années environ, qui portait pour tout vêtement une chemise de nuit. À côté d'elle, une personne l'accompagnait, était-ce une amie ?

Elles m'invitèrent à entrer très poliment et l'une d'elles prit la parole, me demandant de m'occuper de sa maman qui venait de décéder.

L'intérieur de la demeure était cossu, orné de lourdes tentures, de meubles d'époque avec d'innombrables tableaux aux murs. La fille de la défunte m'indiqua l'endroit où se trouvait sa maman. J'entrai dans la pièce et remarquai un lit sur le côté : un homme dormait, sans doute le père, à qui sa fille avait dû administrer un somnifère.

Les deux lits se touchaient presque et l'idée de travailler avec ce monsieur ne me plaisait guère !

Impossible de le réveiller et, vu sa corpulence, le porter me semblait difficile.

Des situations très délicates, quelquefois, surgissent et il faut résoudre au mieux le problème. Je demandai poliment si l'appartement comportait un endroit où je puisse travailler en toute quiétude.

Malheureusement, aucune autre pièce ne semblait disponible. Faire les soins dans ces conditions devenait compliqué pour moi.

L'amie me lança qu'il ne restait que la salle à manger. Je m'y introduis aussitôt, inspectai l'endroit de fortune. La longue table me convenait parfaitement.

Les couverts et le reste du repas s'y trouvaient encore, mais je n'avais pas le choix. Après un brin de ménage, je pris rapidement possession de la salle. J'invitai les deux femmes à m'attendre tranquillement dans la cuisine.

Je pris dans mes bras la défunte, qui pesait à peine cinquante kilos. Son mari semblait dormir à poings fermés.

Je traversai le couloir dans le plus grand silence et la posai sur la longue table. Je m'efforçai de m'appliquer au mieux. Une fois mon travail terminé, je la bordai soigneusement dans son lit mortuaire.

Son mari bougea en grommelant. Soudain, il se leva et m'attrapa fermement, puis je me dégageai et il retomba sur son lit.

Pendant un long moment, je restai pétrifié, je ne respirais plus. Puis, immobile, je repris doucement mes esprits.

Je n'avais qu'une hâte, quitter cette pièce.

Après avoir pris congé des deux femmes, soulagé, je partis rapidement.

Les conditions de travail à domicile sont parfois surprenantes, difficiles. Nous vivons fréquemment des aventures un peu rocambolesques auxquelles nous ne sommes pas préparés, mais la principale qualité d'un thanatopracteur reste la maîtrise de soi.

Le caveau

On m'appela du bureau, en urgence, car des funérailles juives devaient avoir lieu dans l'après-midi. Le fossoyeur, âgé d'à peine vingt-deux ans, se trouvait déjà sur place, mais seul. J'allai donc le rejoindre immédiatement, il fallait vérifier l'état du caveau et surtout le préparer pour le défunt.

Une fois arrivé sur place, le travail s'avéra énorme et le fossoyeur ne pouvait pas s'en sortir seul, malgré sa stature et ses muscles.

Il me donna de suite des cuissardes afin de descendre plus facilement dans le caveau.

D'un coup d'œil rapide, je vis une inondation dans le trou où reposaient des cercueils déjà éclatés par-ci, par-là. Des clous, des ossements flottaient. Un véritable chaos !

Il fallait descendre à deux mètres sous terre. Nous rassemblâmes d'abord les restes mortuaires dans des boîtes à ossements.

Au bout d'un certain temps, le jeune fossoyeur sortit, rouge, en nage : la chaleur était insupportable. Il enleva son tee-shirt, pour redescendre plus à l'aise dans cette fournaise.

Il me conseilla d'en faire autant, et j'obtempérai. Nous travaillions torse nu et cuissardes aux pieds.

Quelques minutes s'écoulèrent puis j'entendis une voix monter dans le caveau, une voix dans les basses comme lorsqu'on démarre un chant dans une chorale. Jusque-là, nous nous posions des questions sur ce bruit. Mon collègue regarda autour de lui vers l'extérieur, pensant que des travaux avaient lieu pas loin de nous.

Personne à l'horizon. Nous continuâmes notre corvée tranquillement. La seule lumière dont nous disposions venait de dehors. On s'en sortait pas mal, même si l'éclairage n'était pas idéal.

De nouveau, ce bruit retentit et, chose curieuse, plus de lumière. Je pensais qu'une personne s'était garée pas loin de l'orifice ou nous travaillions. Je bondis en colère hors du caveau. Et là incroyable : il n'y avait pas âme qui vive. Une incompréhension totale, rien apparemment ne nous empêchait de voir la lumière !

J'avoue qu'en redescendant, nous commençâmes à nous poser des questions.

Le bruit se fit entendre une fois de plus. Je sentais l'autre fossoyeur qui me regardait étrangement. Il n'avait pas besoin de parler, ses yeux le faisaient très bien.

Nous attendions que tout cela cesse. Enfin, le calme revenu, le travail fini, nous remontâmes à la surface dans un sale état et perclus de fatigue.

Quelques instants s'écoulèrent. On vit arriver le convoi. Nous nous étions mis à l'écart, pour ne pas effrayer les gens, vu nos vêtements boueux et notre visage défait par tant d'efforts. On attendait sur le côté, les pelles à la main.

Une personne de la communauté nous dit de rester là. Nous assistâmes donc pendant un petit moment aux prières.

Après une bonne demi-heure, un membre de la communauté juive nous présenta à la foule et mit devant nous une coupelle en métal foncé, chacun défilant devant nous en déposant une offrande.

J'appréciai cette façon digne de rendre hommage aux hommes comme nous.

Nous étions encore sidérés par ces bruits étranges dans le caveau et soudain notre esprit sentit par cette chaleur humaine une délivrance, comme une plaie qui se referme.

Le son mystérieux

Un ami musicien m'a dit un jour que la musique, principalement les sons, était ce qui reliait les mondes entre eux.

Un son émis ne sort pas obligatoirement d'un instrument de musique, mais peut avoir une origine totalement inconnue.

J'ai constaté ce phénomène un soir d'hiver, alors que j'étais près du cadavre d'une femme. J'avais presque fini mon travail. Je l'avais revêtue d'une robe noire, bordée de dentelles aux poignets, ses cheveux blonds bien brossés en cascade sur ses épaules.

À la demande de la famille, je la maquillai légèrement, juste un peu de fard à paupières et un rouge à lèvres discret.

Alors que je regardais si le maquillage me convenait, à travers ses lèvres entrouvertes s'échappa un bruit. Cela ressemblait à des notes graves, comme celles d'une contrebasse.

Ces sons durèrent un cours instant, puis, petit à petit, le bruit s'estompa.

Je ne savais pas vraiment ce que cela signifiait. J'avais beau regarder autour de moi, je ne comprenais pas grand-chose.

J'avais bien entendu ce son : je contemplai son visage encore une fois. Les lèvres n'avaient pas bougé, elles étaient toujours entrouvertes.

Aujourd'hui encore, je me pose des questions sur ce cas !

Une maison hantée

Par un après-midi d'hiver assez doux, légèrement vêtu, ma voiture avançait lentement dans un chemin de campagne.

Quelques plaques de neige jonchaient le sol, le terrain était arboré.

Il semblait immense. Je pensais que l'été, ce devait être très agréable de vivre dans cet endroit.

Au bout du chemin, la maison apparut, avec son toit de tuiles rouges et ses murs de pierre.

Une personne vivait là, seule dans cette maison. Cette dame dont je devais m'occuper habitait à l'écart du hameau.

Très âgée, elle avait atteint les quatre-vingt-dix ans.

La Mairie m'avait confié les clefs, mais personne n'avait voulu m'accompagner.

Je descendis de la voiture en évitant les plaques de neige, tant bien que mal.

Je mis à peu près une quinzaine de minutes avant d'ouvrir la porte d'entrée en bois délavé.

Enfin, elle s'ouvrit et je m'introduisis à l'intérieur. Je me trouvai aussitôt dans un couloir très sombre.

Pour m'éclairer, je me servis d'une lampe de poche que la secrétaire de mairie avait eu la gentillesse de me donner.

L'eau et l'électricité étaient coupées depuis un certain temps. Cette pauvre dame, apparemment, se débrouillait seule. Les gens du village ne la voyaient guère, été comme hiver. Elle vivait en autarcie, élevant des animaux. Le garde champêtre avait découvert la défunte.

Elle se trouvait au premier étage. Le bois de l'escalier gémissait sous mes pas ; il faisait un froid de canard dans cette maison humide et obscure, les murs étaient tapissés, mais le papier avec les années avait perdu toutes ses couleurs. Quelle tristesse !

Par endroits, les murs étaient creusés par l'humidité. Je trouvai immédiatement la chambre où reposait cette vieille dame.

Recroquevillée, les mains crispées sur son fichu, elle donnait à penser qu'elle avait eu très froid.

Ses nouveaux vêtements attendaient au bord du lit.

Je pris soin de garder ma veste, car l'humidité de la chambre me transperçait le corps.

Après l'avoir habillée, je l'entourai d'un drap – les consignes m'avaient été données par la Mairie.

Mon travail terminé, j'emportai mon matériel, mais à peine arrivé sur le palier, j'entendis de violents bruits sourds dans le mur.

Je n'avais pas peur, mais demeurai très intrigué. Le silence venait d'être rompu par des bruits étranges.

Que devais-je en penser ?

À peine arrivé en bas, tout s'arrêta net. Inutile de vous dire que je sortis rapidement de la maison.

Je pris quand même le temps de regarder aux alentours, mais rien ne m'éclaira sur ces bruits bizarres.

Renseignements pris auprès des services administratifs, j'appris que les habitants du village se tenaient à l'écart de cette demeure à cause d'une vieille légende. Il s'y serait passé des choses très graves par le passé.

Je n'abordai pas le sujet sur les bruits dont j'avais été victime et gardai cela pour moi.

Réquisition

La police nous avait demandé d'aller chercher le corps d'un jeune homme, probablement mort dans la montagne.

C'était, disait-on, un déserteur, qui se cachait depuis un certain temps, pour échapper à l'armée.

Sur ordre de la police, nous partîmes donc à sa recherche avec une ambulance et une civière afin de le ramener à la morgue de la ville.

Grâce aux quelques indications données par la police, nous inspectâmes au peigne fin les endroits où celui-ci avait bien pu se cacher.

Avec tous ces arbustes, les lieux se ressemblaient.

Pas facile de le retrouver. Durant plus d'une heure de marche, les mains et le visage ensanglantés par les nombreux fourrés, nous portâmes une civière très encombrante dans des endroits presque inaccessibles.

Enfin, on finit par le retrouver, recroquevillé sur lui-même, enroulé dans une couverture à carreaux rouges et noirs, dans une petite cabane en bois couverte de branchages. Il s'agissait de son refuge de fortune.

Notre mission allait s'achever, mais quelle horreur : ce jeune homme n'avait plus de tête !

Après quelques rapides recherches, nous découvrîmes avec effroi que la tête du malheureux se trouvait entre les pattes d'un chien.

Nous nous précipitâmes pour récupérer la tête du pauvre soldat. Afin de coincer l'animal, nous plongeâmes au risque de nous faire très mal. Mon collègue et moi-même tombâmes plus d'une fois et nous rigolâmes nerveusement.

Nous étions boueux jusqu'au visage et, en nous contemplant l'un l'autre, nous éclatâmes de rire jusqu'aux larmes, malgré ces tristes circonstances.

Après de nombreuses péripéties, la fatigue du chien se fit ressentir : il lâcha la tête, qui tomba par terre.

Notre travail s'avère extrêmement difficile, surtout quand le corps a subi des mutilations.

Malgré l'habitude, nous ne sommes en aucun cas indifférents.

Les enfants

Dans le fourgon se trouvaient deux petits cercueils que j'amenais à la morgue de l'hôpital. J'allais chercher deux jeunes enfants, un petit garçon âgé de sept mois, et sa sœur, une petite fille de six ans.

Je ne connaissais pas encore très bien les circonstances de ce drame.

Les cercueils, en bois de chêne, teintés d'un vernis brillant se dotaient d'un intérieur blanc, en tissu cotonneux, orné de petits clous dorés ; l'extérieur garni de chaque côté d'une petite poignée de bronze.

J'arrivai à l'entrée de la morgue de l'hôpital où cinq personnes attendaient déjà. Je remarquai le père immédiatement, les yeux rougis par le chagrin, une figure marquée par la souffrance.

Je sortis les petits cercueils et les disposai sur un chariot mis à ma disposition. Je suivis le long couloir blanc au bout duquel le responsable de la morgue m'attendait. La famille me suivait. Aussitôt, il m'ouvrit la porte donnant accès au laboratoire funéraire, alla vers la famille avec délicatesse et l'installa dans une salle d'attente.

Il revint vers moi : « J'avais hâte que tu arrives, car tu vois, les enfants... – il s'arrêta un court instant à cause de l'émotion –, je ne peux pas... »

Il me dit aussitôt, sans me laisser le choix : « Ils sont dans la case n° 4. »

Lentement, je tirai la poignée de la case n° 4. Les deux petits corps étaient serrés l'un contre l'autre sur la civière métallique, le frère et la sœur reposant côte à côte, unis dans la mort.

À première vue, je ne remarquai aucune plaie ni traumatisme sur les deux corps. Je pris le bambin dans mes bras et le posai dans son cercueil, ensuite je déposai sa sœur dans le sien.

En somme, je devais les habiller et les rendre présentables, car mon collègue était trop éprouvé. Il me répéta une nouvelle fois « Je te laisse faire, je n'ai pas pu... » Sentant son embarras, je lui répondis : « Je vois. Je m'en occupe, ne t'en fais pas. »

Il m'expliqua les circonstances du drame en deux mots.

Leur mère s'était jetée avec sa voiture dans un cours d'eau profond, simplement pour voir s'ils savaient nager. La maman, dans un accès de démence, avait tué ses petits.

Le plus horrible dans cette histoire cruelle, c'est que ses enfants étaient attachés à leur siège. La maman a été retrouvée saine et sauve sur le bord de la route. Selon ses propos, elle allait se rendre chez son psychiatre. Elle a déclaré à la police : « Je voulais savoir si mes enfants savaient nager. »

L'employé me laissa seul pour m'occuper du bébé, qui avait encore son petit pyjama en coton rose avec un motif à petits oursons jaunes.

Ses petites mains étaient bleuies par le froid de la conservation. Je lui mis un pantalon gris, une veste marron et des chaussons qui tenaient dans la paume de ma main.

Que faire dans des circonstances pareilles ? Se mettre à pleurer ?

Cela ne leur rendrait pas la vie !

Un thanatopracteur ne s'habitue jamais à la mort d'enfants, même s'il maîtrise ses émotions. C'est en coulisses qu'il se laissera aller.

Les deux enfants reposaient maintenant dans leurs cercueils respectifs. J'ouvris la porte : personne dans le couloir. J'en profitai pour installer les cercueils dans la pièce prévue à cet effet, sur des tréteaux. Le responsable des lieux arriva et alla chercher la famille.

À ce moment-là, je laissai la famille à son intimité. Je sortis, mais je ne restais pas loin, soucieux de la réaction du père...

Je le vis entrer puis s'arrêter. Il avait l'air d'être cloué !

Et lorsqu'il avança et vit ses petits, je m'attendais un peu à ce qui se passerait.

On le laissa crier sa souffrance, se libérer de tant de chagrin. Il cognait les murs, tantôt à coups de poing, tantôt avec la tête. Le silence subitement se brisa par des pleurs inconsolables qui retentissaient jusqu'au fond du couloir blanc aux néons blafards.

Ce moment d'adieux pour la famille s'achevant, il fallait maintenant se rendre au cimetière. Je pris le volant du corbillard, car une seule personne suffisait, une autre compagnie funéraire prendrait le relais.

Les voitures de la famille attendaient que le corbillard se mette en route ; je m'exécutai. J'avais mis comme de coutume ma casquette et mes lunettes noires. Nous venions de quitter la ville et roulions à petite allure sur une route départementale. Je regardais ma montre : aucun retard, au contraire. Je pris tout mon temps.

La campagne défilait sous mes yeux. Cet après-midi-là, il faisait chaud et, avec mon costume et ma cravate, j'appréciai tout à coup un léger vent par la fenêtre du fourgon.

Un bruit à l'arrière me fit sortir de mes pensées. Je me retournai machinalement, inquiet quand même.

Je m'arrêtai sur le côté, vérifiai les cercueils : rien n'avait bougé.

Je redémarrai tout à fait tranquille. Mais cette fois, j'entendis des pleurs et des cris d'enfants. La sueur collant mes vêtements, je me retournai précipitamment : les cercueils ne bougeaient pas. C'était plus que je ne pouvais supporter. Les cris cessèrent, laissant place à un silence troublé par tant d'émotions.

Je ne pouvais croire ce que j'avais entendu. Pour avoir la conscience tranquille, je m'arrêtai à nouveau. Tout semblait normal.

Si les enfants étaient vivants, ils continueraient sans doute à pleurer, me dis-je !

Je remontai dans la voiture, et repris la route. Me rapprochant du cimetière, je ralentis l'allure pour grimper la montée.

Des gens attendaient au bord de la route et, au fur et à mesure, l'assistance augmentait. Les gens s'écartaient pour me laisser passer.

Enfin, j'arrivai à la hauteur des pompes funèbres qui prirent le relais.

Toute mon attention restait concentrée sur l'allée ; je demeurais tendu, ému encore d'avoir entendu ces pleurs.

La tombe était déjà ouverte. Le fossoyeur, bossu, âgé, ridé par le soleil, portait de grosses lunettes de vue.

Les cercueils sortirent du corbillard pour aller reposer enfin dans leur dernière demeure. La dalle résonna. Pour moi, ça s'arrêtai là, j'emportai avec moi cette douloureuse expérience. Je venais encore une fois d'être le témoin privilégié d'une manifestation troublante et déchirante.

Les bruits de pas

J'avais fini d'habiller le défunt dans la petite pièce qui faisait office de morgue au sous-sol d'une clinique, lorsque arrivèrent les porteurs de l'entreprise de pompes funèbres qui apportaient le cercueil pour la mise en bière.

Voyant qu'ils n'étaient que deux, je décidai de les aider et allai chercher le cercueil laissé au rez-de-chaussée dans le véhicule.

Pour remonter, il nous fallait passer par un long couloir et prendre l'ascenseur. Les deux porteurs me suivirent. Nous marchions d'un pas alerte. Immédiatement après être sortis de la pièce, nous fermâmes derrière nous la porte, mais celle-ci se rouvrit en claquant sèchement, comme s'il y avait eu un coup de vent violent. Apparemment, aucun courant d'air ne se faisait sentir dans le local ni le couloir. Tout semblait clos. Après avoir parcouru une dizaine de mètres, j'entendis des bruits de pas, comme si quelqu'un courait pour me rattraper. Je me retournai, mais en vain. Je pensai aux porteurs, mais ils se tenaient là, avec moi, avançant à un rythme normal. Nous continuâmes à marcher en ignorant cet incident. Cette fois, les bruits recommencèrent et nous nous regardâmes avec effroi ! Ces bruits n'avaient rien d'anodins, car ils faisaient exactement la même chose que nous : c'est-à-dire marcher et s'arrêter.

Précisément, c'était ceux d'une personne portant des fers à ses chaussures, comme ceux que les cordonniers conseillent de mettre pour éviter d'user la semelle prématurément.

J'avoue que nos regards paraissaient soucieux. Je savais à cet instant qu'il y avait eu une sérieuse manifestation, cette fois avec trois témoins. Les bruits de pas se manifestèrent jusqu'à l'ascenseur. Nous montâmes dedans et le calme revint.

Je sentais un malaise du côté des porteurs, mais ils ne dirent rien, peut-être terrassés par la peur.

Après avoir descendu le cercueil, nous pénétrâmes dans la pièce où reposait le défunt. Tout paraissait normal. Mais, chose étrange, lorsque nous l'installâmes dans le cercueil, je remarquai avec stupeur que ses chaussures portaient des fers. Ceci me persuada qu'encore une fois un défunt avait essayé d'attirer notre attention.

Mais je voulais en avoir le cœur net et j'inspectai les lieux dès le départ des deux porteurs encore tout troublés des bruits mystérieux.

J'étais convaincu que ce défunt voulait communiquer. Parmi les nombreux morts qui reviennent sur terre ou ne partent pas tout de suite pour des raisons encore inconnues des vivants, certains rôdent avant de partir définitivement.

Ils peuvent se manifester assez bruyamment. Mais souvent, cela semble fait pour attirer notre attention. Ils ne peuvent malheureusement plus nous parler.

Après avoir examiné longuement le couloir, je suis retourné près du cercueil pour essayer de déceler le moindre indice, dans l'immobilisme corporel du défunt. Après un moment, je ne constatai rien d'autre.

À partir de ce jour-là, je décidai de me consacrer plus encore aux manifestations irrationnelles liées à un corps sans vie, prêt à partir dans l'au-delà.

C'était une chance pour moi inespérée d'être réceptif à quelque chose qui m'intéressait au plus au point.

Il ne fallait pas que je considère cela comme des phénomènes normaux. Je me considérais, en fait, comme quelqu'un d'exceptionnel, choisi parmi tant d'humains vivants, car ni la peur ni la panique ne s'emparaient de moi : je voyais cela comme une science de l'âme.

Toutes ces âmes qui cheminaient vers une autre dimension...

Réincarnation

Je me trouvais au chevet d'une femme âgée d'une quarantaine d'années. Cela arrive quelquefois qu'un chien se cache sous le lit de son maître, sans que nous nous apercevions de sa présence.

Et soudain, il surgit, à notre grande surprise. Cette fois, il s'agissait d'un petit teckel. Pendant que je travaillais, le chien était resté à l'écart sans bouger, et me regardait fixement.

Puis, au bout d'un moment, j'entendis comme une déchirure, comme une enveloppe que l'on déchire. La défunte aussitôt eut un soubresaut, le chien se roula à terre durant une minute et ne bougea plus.

De la bouche du cadavre restée entrouverte, un brouillard s'échappa pour s'engouffrer dans la gueule du chien, qui avait l'air terrorisé. Je venais d'assister une fois de plus à un drôle de phénomène.

En quelques minutes, le chien redevint calme et alla s'asseoir sur une chaise. Autour de lui se dessina une auréole lumineuse, qui disparut aussi vite qu'elle était venue.

Venais-je d'assister à une réincarnation ?

J'avais fini de procéder aux soins de conservation sur un vieil homme et, pendant que je m'affairais sur le cadavre, le silence fut rompu par le chant d'un petit canari qui se trouvait dans une cage.

Quand j'eus rangé mes affaires, le chant s'arrêta tout à coup pour laisser la place à une voix humaine qui disait : « Maintenant, je suis dans cet oiseau que j'aime beaucoup, son corps est désormais ma nouvelle demeure. »

Contrairement au cas précédemment décrit, où j'avais été le témoin visuel d'une réincarnation, si je n'avais pas entendu cette voix humaine, venant de l'oiseau, jamais je n'aurais su que le phénomène de réincarnation venait de se réaliser.

J'avais donc été témoin de cette manifestation visuelle et auditive de la réincarnation.

Je n'aurais pas cru qu'une telle transformation pouvait s'opérer aussi rapidement entre la mort physique et l'envol de l'âme.

J'avais par ailleurs entendu certaines personnes bien vivantes me dire qu'elles aimeraient se réincarner... en cheval par exemple !

Si cela reste un désir sincère, pourquoi pas ! L'âme est plus forte que tout.

Et le désir devient après la mort une réalité.

Baisse de température

Le corps reposait dans la petite morgue d'une chambre funéraire d'un village. Ce jeune homme de vingt-cinq ans, d'origine arabe, grand, mince, s'était fait assassiner.

Il avait dans toute la partie du thorax et du ventre de petits trous, correspondant aux plombs d'un fusil de chasse.

Un crime passionnel entre deux homosexuels, un handicapé physique qui tire sur le jeune homme après une vive dispute, ne supportant pas que celui-ci le quitte. La situation était très particulière, car cela avait eu lieu dans un train. Avec un confrère, je dus aller chercher le défunt à la gare, où la police avait immobilisé le train pour évacuer le cadavre à la morgue.

Nous le transportâmes sur une civière métallique, il était ensanglanté.

Vêtu d'une blouse et d'une paire de gants, je m'affairais, très attentif à ce que je faisais.

Dans le local, il faisait chaud et je commençais à transpirer sérieusement. Au fur et à mesure que j'avançais dans cette triste tâche, la sueur me couvrant le front disparut et, soudain, je sentis une fraîcheur, comme un courant d'air bienvenu.

Mais au bout d'un moment, cette fraîcheur s'accentua. J'arrêtai mon travail, et me sentis mal à l'aise, car maintenant j'avais presque froid !

De minute en minute, cette fraîcheur finit par se transformer en froid glacial.

Surpris, je regardai autour de moi et je vis quelque chose d'incroyable : du givre en plein mois de mai posé par-ci, par-là.

Je touchai alors le défunt, dur comme de la pierre, comme congelé. En l'espace de cinq minutes, la température de la pièce avait chuté. Une couche de neige avait recouvert le sol et les installations de la morgue.

Ne pouvant plus supporter ce froid glacial, je sortis de la pièce. Dehors, il faisait beau – incompréhensible – et l'air était doux.

Je rentrai dans la pièce : cette fois, la neige et le givre avaient complètement disparu.

Je savais que ce phénomène provenait du défunt et, à peine rentré dans la salle, la question ne se posa plus pour moi.

La petite-fille

Elles vivaient ensemble depuis de nombreuses années, la grand-mère, sa fille et sa petite-fille, dans un appartement situé au troisième étage d'un immeuble modeste.

La grand-mère s'était éteinte doucement de mort naturelle, usée par le temps. Elle ne se remit jamais de la mort de son mari, décédé deux ans auparavant.

Elle reposait sur un lit, dans une petite chambre aux murs couverts de crépi blanc.

Mon travail terminé, il ne me restait plus qu'à avertir la famille, afin de la laisser veiller en toute tranquillité la défunte.

Toutefois, une petite fille se tenait là, près de sa grand-mère, elle la contemplait sans pleurer.

Soudain, l'enfant sortit précipitamment de la pièce, pour revenir immédiatement avec un petit escabeau en bois. À mon grand étonnement, elle le posa sous la fenêtre, qu'elle ouvrit aussitôt, avant même que sa maman ne puisse intervenir. J'observais la petite depuis déjà un bon moment, car son attitude me paraissait bizarre. Je m'aperçus que les yeux de la jeune enfant se déplaçaient de la grand-mère vers l'extérieur, c'est-à-dire le ciel.

La mère, ne comprenant pas le manège, se précipita vers sa fille et l'attrapa par le bras.

La petite fille entoura le cou de sa maman en lui expliquant que sa mamie lui avait demandé d'ouvrir la fenêtre pour elle, afin qu'elle puisse rejoindre son nouveau pays.

Sa mère aussitôt lui dit : « Ce n'est pas possible, ta grand-mère est morte ! »

Mais l'enfant, le regard tourné vers le ciel, semblait calme et un léger sourire sur son visage me révéla qu'il y avait entre elle et la défunte une communication véritable.

Je sortis de la chambre ; mon travail s'achevait, mais la maman m'avait suivi.

Celle-ci semblait inquiète au sujet de sa fille et me demanda des conseils sur le traumatisme de la mort pour les enfants. Fallait-il consulter un psychologue ou un psychiatre ? Je lui conseillai de ne rien faire, mais me gardai bien de lui expliquer ce que j'avais compris. Elle ne m'aurait de toute manière pas cru... Je partis tout attendri de cette expérience, malgré le décès de cette grand-mère. Mais nous ne sommes pas éternels et, la conclusion pour moi, c'était l'amour entre une grand-mère et sa petite-fille au-delà de la « réalité ».

L'apparition de la croix

Il était allongé sur son lit, ce jeune garçon d'une douzaine d'années.

Il venait de décéder lors d'un accident. De famille paysanne, il aidait de temps en temps ses parents à l'exploitation agricole. Cette fois, il avait insisté pour conduire le petit tracteur qui servait à transporter les caissettes vides. Alors qu'il conduisait l'engin sur un petit chemin, pour une raison inconnue, il tomba dans le fossé.

Le tracteur, en se retournant, avait écrasé le gamin. Sous la masse métallique, une partie du réservoir d'essence s'était renversée sur lui.

La famille m'avait appelé pour faire le nécessaire, l'habiller, le débarrasser de cette odeur d'essence et, enfin, le présenter sur le lit, avant les obsèques.

Lorsque les pompiers avaient dégagé le corps du pauvre enfant, ils l'avaient posé directement sur son lit dans la chambre. Le lit était trempé et taché de sang jusqu'au matelas.

La famille m'apporta donc un autre lit. Je travaillai, très incommodé par l'odeur d'essence qui persistait.

Petit à petit, je réussis, avec les moyens du bord, à rendre ce jeune garçon propre et le posai dans son nouveau lit.

Je m'affairais maintenant à nettoyer tout le sang. J'enlevai les draps, pour les enfermer dans un sac plastique. Le matelas était rouge et, alors que je me demandais comment j'allais m'en sortir, je vis apparaître au milieu du matelas une petite tache blanche qui commença à s'étendre lentement.

Un trait rectiligne apparut et finit par former une croix. Toute la superficie de la croix recouvrit la surface du matelas. Le sang avait disparu et le lit ressemblait à un cercueil.

J'avalais péniblement ma salive. Au bout de quelques secondes, tout repris sa place.

Je pris congé. La famille était en pleurs, dans un désespoir total, et des amis se pressaient pour apporter leur soutien.

Je me souviendrai longtemps de cette croix, de ce petit garçon, et du déchirement de cette famille, à la suite de cet accident complètement stupide.

La statue

Ils habitaient à quatre dans ce petit appartement meublé.

D'origine asiatique, ils venaient d'arriver en France après bien des péripéties. Avec l'aide d'une assistance sociale, ils vivaient là, dans une ville du sud de notre pays.

Malheureusement, deux mois seulement s'écoulèrent avant que le père, à l'âge de soixante ans, ne décède, laissant derrière lui sa femme et ses deux enfants.

Dans la chambre minuscule où je me trouvais, il y avait encore leurs valises, quelques cartons entreposés dans un meuble laqué blanc, et dessus une statue en pierre de trente centimètres environ, représentant un cheval en train de se cabrer.

La mère de famille ferma la porte de la chambre. Je pouvais donc travailler en toute quiétude, sans être dérangé.

Le défunt, un petit homme très mince, aux cheveux blancs, portait un costume gris anthracite, aux manches trop courtes.

Alors que je commençais à lui enlever sa veste de costume, un léger bruit émergea du corps. C'était le bruit d'un diapason. Je lâchai immédiatement la veste, mais le bruit se précisant de plus en plus fit que je me bouchai les oreilles, ressentant une vive douleur cérébrale.

L'instant d'après, j'entendis un fracas : la statue venait de tomber, fendue en deux parties égales, par le milieu. Le bruit cessa. Je m'approchai de l'objet : aucune écaille, la cassure était bien nette.

Quelle force pouvait bien posséder cet homme pour arriver, après sa mort physique, à provoquer cet état de chose ?

Sur un brancard

Elle mourut d'un arrêt cardiaque à l'âge de soixante-dix-huit ans.

Elle était allongée sur une civière métallique, dans cette pièce froide de la morgue d'un hôpital de campagne. Un néon au plafond éclairait cet endroit, et cette lumière froide et impersonnelle me donna tout à coup le cafard.

Cette personne avait été amputée de la jambe pour une raison que je ne connaissais pas.

Je n'aimais guère me rendre dans cette morgue : elle se trouvait assez loin, mal située, il me fallait toujours un temps interminable, avec tous ces embouteillages, pour y arriver...

Je n'eus aucun mal à soulever ce petit corps maigre pour l'habiller. Ses yeux étaient grands ouverts, et son regard immobile fixait le plafond.

Soudain, la lumière s'éteignit, pour se rallumer peu de temps après, puis recommença, trois fois de suite. Cette fois, je me retrouvai plongé dans la semi-obscurité. Pas le temps d'aller voir ce qui se passait au niveau de l'interrupteur, des éclairs se mirent à fuser, les uns derrière les autres, ne me laissant aucun répit. Je vis au-dessus de la défunte des étincelles qui se déchaînaient. Aveuglé, je me couvris les yeux de ma main.

Enfin, vint le moment où cela s'arrêta, mais combien cela m'avait paru long !

Tout redevint normal, la lumière se ralluma et rien dans la pièce ne laissait supposer ce qui venait de se passer.

Lorsque je sortis, je ne vis aucune trace d'un orage !

Je me sentis soulagé d'avoir quitté cet endroit.

Le chef des gitans

Je garai ma voiture à quelques mètres de la ruelle où se trouvait le domicile du défunt dont je devais m'occuper.

Je sortis mes deux valises et m'engageai dans la petite rue. La montée s'avéra très difficile, car mes valises n'étaient hélas pas légères.

Devant la maison, il y avait de nombreuses personnes.

Au fur et à mesure que j'avançais, les gens me regardaient et s'écartaient pour me laisser le passage. Il s'agissait de Gitans, des hommes mal rasés, des chapeaux noirs sur la tête et des foulards autour du cou. Les femmes portaient les enfants en bas âge sur les hanches – ces femmes que l'on croise aux sorties des églises faisant l'aumône avec un bébé dans les bras.

Je sentais des regards posés sur moi. Près de la porte d'entrée, une femme me fit signe de la suivre. Je pénétrai dans une maison délabrée : les ampoules pendaient au bout d'un simple fil électrique éclairant d'une petite lueur des murs d'un blanc sale.

Pour tout mobilier, la maison possédait quelques chaises, une table et une commode.

Elle m'ouvrit la porte de la chambre et la referma sur moi, me laissant seul dans une semi-obscurité. Je vis un corps inerte allongé sur une paillasse, éclairé seulement par des bougies.

Je posai mes valises et poussai les volets afin d'y faire entrer un peu de luminosité. En bas, la ruelle était noire de monde.

Je pouvais enfin voir l'homme dont j'allais m'occuper. Il avait environ une soixantaine d'années, habillé dans un costume de velours noir, élimé aux coudes. On l'avait couché sur un vieux matelas rayé de bleu, rempli de paille, à l'ancienne, posé sur un sommier métallique.

En fait, cet homme, très important pour les personnes ici présentes, n'était autre que le chef de la communauté des Gitans de cette ville.

Je commençai donc à travailler, mais au bout d'une demi-heure, la fumée des bougies m'incommoda et me fit tousser.

J'ouvris la fenêtre pour me donner de l'air frais et, après avoir terminé mon travail, je rajustai la veste du défunt. Malgré mes efforts, ce qui devait arriver arriva : le matelas, en équilibre instable, se renversa, et bizarrement je me retrouvai allongé par terre, à mon grand étonnement. Le mort pesait de tout son poids sur moi. En sueur, je réussis tant bien que mal à me dégager, et enfin à le remettre dans la position où je l'avais trouvé en entrant.

Le temps de m'essuyer le front, de rajuster mes vêtements, un coup de vent rabattit les volets qui se refermèrent. Aussitôt, toutes les bougies, qui s'étaient éteintes, se rallumèrent.

Du toit se fit entendre un bruit de pierres qui tombent, comme une soudaine averse de grêlons.

Curieusement, le ciel avait changé immédiatement. Les nombreux amis étaient entrés pour se protéger. Les bougies de nouveau s'éteignirent et le fracas des grêlons cessa.

Je n'étais pas au bout de mes surprises, car un grondement se fit entendre dans la pièce où reposait le défunt. Je vis les bougies, éteintes cette fois, qui se déplaçaient en formant un arc de cercle autour du matelas, puis le bruit s'arrêta.

Je regardai l'homme, les bougies, l'intérieur de la chambre : rien ne bougeait. Ce qui venait de se passer n'était certes pas courant...

Cette succession extraordinaire de manifestations venait sans doute d'une grande puissance d'âme du défunt.

La consigne

J'habillais le cadavre d'un homme d'une cinquantaine d'années, dans le laboratoire de la morgue d'un hôpital, dans le Sud de la France, lorsqu'un collègue vint me chercher, l'air grave. Je le suivis, car sa mine complètement défaite m'avait alarmé.

Il me fit pénétrer dans la salle de prélèvements, où se trouvaient de nombreux policiers.

Une odeur incroyable me saisit. Sur une des tables d'autopsie, je vis les restes d'humains, en fait, après analyse, de deux humains différents, démembrés.

La couleur verdâtre de la peau montrait un état de décomposition très avancé : têtes, bras, thorax évidés, bras et mains avaient été découverts dans une consigne de la gare SNCF d'une grande ville.

Devant un tel spectacle, une telle sauvagerie humaine, on se dit que la folie n'a pas de limite.

Je m'en retournai, bouleversé, sur mon lieu de travail. Je finis d'habiller le défunt. J'avais posé un petit magnétophone à cassette pour passer plus agréablement le temps.

La musique, à un certain moment, s'arrêta. Je regardai en direction du magnéto : la cassette continuait apparemment à tourner, mais sans émettre de son. Chose incroyable, j'entendis des murmures de personnes aux propos assez vifs : ils semblaient parler de transaction d'argent contre de la drogue. Le ton était feutré mais l'intonation des voix restait quelque peu menaçante. Des cris éclatèrent, suivis de coups de feu, puis tout s'arrêta. Je n'entendis plus qu'un bruit de véhicule qui arrive, des portes qui claquent, et la voiture qui part.

D'un seul coup, la musique reprit son rythme.

Bizarre… Il semblait qu'il y ait un lien avec ces deux cadavres.

J'appris plus tard dans les journaux, drôle de coïncidence, qu'il s'agissait de trafiquants de drogue !

La grand-mère

La famille, sans nouvelles, avait dû fracturer la porte d'entrée afin de pénétrer dans l'appartement de cette grand-mère, décédée.

Elle l'avait trouvée assise dans un fauteuil, repliée sur elle-même.

Je montai une à une les marches de l'escalier en bois, chargé comme à l'habitude, et vis que la serrure avait été arrachée.

Je venais juste d'entrer dans l'appartement quand vint à ma rencontre, la mine défaite, un homme âgé d'une cinquantaine d'années. Je le saluai et présentai mes condoléances. Il m'amena dans la pièce où se trouvait la défunte. Elle avait dû s'assoupir et probablement mourir dans son sommeil.

Soudain, sous nos yeux, une petite boîte en bois laquée rouge, posée sur un petit guéridon, disparut, se dématérialisant. Elle s'était volatilisée subitement dans l'air.

L'homme, hagard, me regardait. Il ne semblait pas comprendre ce qui se passait – moi non plus d'ailleurs.

Il essaya de me parler, mais aucun son ne sortit de sa bouche.

Je n'avais pas envie d'épiloguer sur cette manifestation, car je le voyais très perturbé. Mon travail terminé, je préférai partir.

Le vol de véhicule

Voici une histoire que l'on ne connaît que trop, celle d'un employé qui emprunte une voiture dans le garage où il travaille.

Malheureusement, ce jour-là, la chance n'est pas avec lui. Il percute une autre voiture, et le drame, la conductrice, une jeune femme, perd la vie dans cet accident.

Le jeune homme garda son sang-froid et inventa une histoire sordide. Il fit croire tout simplement à un vol de voiture, celle qu'il venait d'emprunter.

Une vie qui s'arrête brutalement, un corps extrêmement mutilé. Dans la salle de la morgue, je n'avais malheureusement rien pu faire pour rendre la jeune femme le plus présentable possible pour sa famille. Rien n'expliquait pourquoi il y eut tant de complications pour restaurer ce corps. Cette difficulté technique venait de la défunte. Elle refusait systématiquement que je manipule son corps. Rare cas, mais il existe.

Attraction

Allongée sur un lit de clinique, elle semblait dormir. La sérénité apparaissait sur son visage. Un reste de beauté rayonnait.

Soudain, mes instruments, posés sur la table, se soulevèrent et vinrent se coller contre le bras de la défunte. Puis à la file, tous les objets métalliques que contenaient mes deux valises vinrent également se coller systématiquement contre son corps.

J'assistais à un spectacle incroyable ! Le cadavre faisait office d'aimant et avait attiré à lui tous les objets métalliques de la pièce.

Cela dura un bon moment. Puis cet effet d'électromagnétisme s'arrêta.

Les instruments retombèrent sur le lit et sur le sol dans un fracas effroyable.

J'avais encore fait l'expérience de cette approche un peu bizarre du corps physique, avec les objets, et j'avais beaucoup de réponses à attendre devant tant de questions.

Refus

Il était à peu près vingt et une heures. Dès mon arrivée, je m'isolai et laissai la famille dans une autre pièce. Je posai mes deux valises, mais à peine eus-je eu le temps de sortir mes instruments que le cadavre tomba sur le sol. Je restai complètement impuissant devant cette situation.

Surtout, il n'y avait aucune raison pour que ce corps se retrouve par terre.

Je le remis donc sur le lit. Le défunt portait un pyjama. Je commençai à le déshabiller, mais le pantalon resta collé. J'essayai en vain de le retirer, impossible ! Je ne le croyais pas moi-même, cela n'était pas courant, et pourtant il fallait bien que je réussisse à l'habiller.

Je tirai le plus que je pouvais, quand tout à coup, par magie, le pantalon du pyjama s'enleva facilement.

Il ne fallait pas chercher à comprendre, car ces phénomènes pouvaient arriver en cas de refus.

Je pris donc le plus grand soin pour vérifier chaque détail, et lorsque j'eus fini, je sortis de la chambre et appelai la famille.

Je les laissai entrer les premiers. J'entendis une réflexion au sujet de la cravate, qui n'était pas nouée.

À ma grande surprise, la cravate du défunt s'était en effet complètement desserrée. Bien entendu, il fallut présenter des excuses à la famille endeuillée – je ne pouvais quand même pas accuser le cadavre.

Un vent mystérieux

Cet été-là, nous étions débordés en raison d'une hausse massive des décès, probablement en raison d'une forte chaleur. En début d'après-midi, je me rendis à la morgue, car je devais m'occuper de trois personnes.

Le responsable, dès mon arrivée, fut soulagé lorsque je franchis la porte à double battant du laboratoire. Il y avait d'innombrables cadavres enveloppés dans des draps blancs. Certains se trouvaient dans leur housse et portaient des étiquettes d'identification, d'autres étaient à même le sol, dans le couloir ou dans la pièce des soins de conservations. Évidemment, il faisait un froid intense, car les corps se décomposent vite, surtout l'été. Les brancards manquaient. Des familles nous avaient confié des vêtements pour leurs défunts. Je devais m'occuper de trois corps, les cercueils attendaient dans la pièce d'à côté.

Je m'occupai d'abord d'une dame âgée de 96 ans et commençai les soins. J'étais frigorifié et légèrement vêtu puisque nous étions en été !

Nous n'entendions que le ronronnement du moteur de la climatisation et nous trouvions seuls parmi tous ces cadavres.

Je terminai rapidement d'habiller la vieille dame, mais ne pouvais pas rouler le chariot pour l'amener dans son cercueil. Le plus simple était de la porter, elle ne pesait pas bien lourd. Je fis attention à sa tête, et coinçai celle-ci contre ma joue droite, afin qu'elle ne retombe pas en arrière.

J'enjambai les corps et arrivai tant bien que mal au cercueil. Quelle acrobatie !

Enfin, je la déposai le plus délicatement possible sur un capiton blanc. Après avoir fermé la porte derrière moi, je retournai donc à la morgue afin de continuer mon travail. La porte à peine ouverte, un vent violent se leva. Il soufflait tellement fort qu'il souleva les housses blanches ainsi que les draps qui se mirent à flotter. J'essayai d'avancer, le spectacle m'impressionna. De toute ma carrière, je n'avais jamais ressenti une telle tempête alors que les pièces étaient fermées.

Je regardai de droite à gauche pour voir d'où ce vent pouvait venir.

Enfin, il s'arrêta lorsque le responsable ouvrit la porte en disant : « Mais qu'est ce qu'il se passe ici ? » Et à peine avait-il prononcé ces mots que le calme régna. Stupéfaits, nous nous regardâmes bouche bée !

Cette manifestation venait-elle d'un corps ? De la vieille dame dont je venais de m'occuper ?

J'avais beau me poser des tas de questions, je savais que je n'obtiendrais pas de réponses. Il fallait continuer à travailler et supporter d'autres manifestations sans doute...

Une mort atroce

Le thanatopracteur connaît tous les détails de la mort de chaque personne dont il s'occupe. Personne ne peut s'imaginer l'horreur à laquelle il peut être confronté.

Après une réquisition par les services de police et le compte-rendu par un médecin légiste dans une chambre funéraire de Londres, cette femme de 51 ans se trouvait là. Elle avait croisé le chemin d'un détraqué échappé d'un hôpital psychiatrique. Ce pauvre malade avait tout simplement enlevé cette dame dans la rue, pour l'amener chez lui. Il la tortura, puis la viola avant de la tuer.

Pour l'enlever, il l'avait assommée. Les passants, croyant qu'elle faisait un malaise, ne lui portèrent pas secours. Ils ne se doutaient pas, évidemment, qu'elle était une victime entre les mains d'un bourreau.

Ce qui se passa ensuite dépasse tout ce que j'ai pu entendre jusqu'à présent.

Avant de la tuer, alors qu'elle n'avait pas encore repris totalement ses esprits, il lui arracha les dents avec une pince et lui mit dans la bouche de la mousse de polyuréthane, le produit coula dans la gorge, obstruant bien évidemment les voies respiratoires. Elle mourut asphyxiée. On utilise ce produit dans les travaux de rénovation pour des fissures ou autre. C'est une mousse qui une fois sortie du tube gonfle et se solidifie.

Sous la lumière puissante du plafonnier de ma table de travail, je m'efforçai de la rendre présentable.

J'ouvris la cage thoracique et abdominale qui avait été cousue par le médecin légiste après une autopsie. Il fallait procéder aux soins de conservation. Je pris le sac plastique où se trouvaient les viscères et le cœur baignant dans le sang.

Comme d'habitude, je le posai au niveau des pieds de la défunte et examinai sa bouche. Je constatai la boucherie avec effroi. Des morceaux d'os étaient encore visibles et je pouvais apercevoir cette fameuse mousse de polyuréthane dans sa gorge. Par respect pour cette dame, je continuai mon travail silencieusement, sans montrer l'horreur à mes collègues.

Il fallait maintenant que j'ouvre le sac pour le vider et y mettre du formol avant de refermer définitivement. J'enlevai une masse informe compacte de sang et, au moment où je pris le cœur, résonnèrent soudain dans la pièce des battements sourds comme les battements cardiaques.

Nous restâmes tous les trois surpris, effarés, nous regardions de part et d'autre dans la pièce, écoutions bouche bée, que se passait-il ?

Cela dura quelques secondes, qui nous parurent très longues.

Un chien fidèle

Je me trouvais dans la chambre de la défunte lorsque les enfants sont venus me voir. Très intimidés, ils n'osaient pas me parler d'une requête qui était à leurs yeux très importante.

Depuis le décès de leur mère, le chien de la maison ne quittait pas sa maîtresse. Il s'appelait Poupi et restait en permanence sous le lit. Les enfants voulaient laisser ce chien dans la chambre pendant que je m'occuperais de la défunte.

Je n'y voyais aucun inconvénient, à condition qu'il se tienne tranquille évidemment, et qu'il ne me montre pas les dents. J'ai toujours été proche des animaux, et penser que cette bête souffrait de l'absence de sa maîtresse me fendit le cœur. Je ne pouvais pas refuser la présence de cet animal pour qui j'avais du respect.

Nous parlons toujours du chagrin des humains, mais on oublie parfois lors des décès, surtout chez les personnes âgées, les animaux se retrouvant complètement seuls. Comment réagissent-ils ? On ne se pose que rarement ce genre de questions. On déplace simplement l'animal chez un proche ou un voisin, ou pire, à la SPA.

Je commençai donc à travailler avec Poupi sous le lit. Au bout de quelques minutes, je le sentis s'agiter. Il sortit, me regarda, l'air malheureux. Je lui caressai la tête pour le réconforter.

Il s'approcha du lit pour sentir sa maîtresse et continua à la regarder tout en reculant. Soudain, je vis ses yeux fixer l'espace au-dessus de la défunte comme si quelque chose l'attirait. Il changea d'attitude, frétillant, heureux, faisant des bonds autour d'une présence que je ne pouvais voir et qu'il semblait connaître. Serait-ce la défunte ?

Le chien regardait la présence, attendant une caresse. Puis, tête levée, il se dirigea vers la porte. Dressé contre celle-ci, il gratta et les enfants vinrent lui ouvrir. Le chien sortit avec une personne invisible, cela se sentait. Il suivait une ombre qu'il aimait. Je trouvais fabuleux d'imaginer que la défunte avait quitté son corps pour donner à ce chien un peu d'affection avant le passage dans l'au-delà.

Une disparition étrange...

Ma journée de cet hiver 93 avait commencé aux aurores. À presque 17 heures, il me restait une famille à voir pour m'occuper de leur défunt.

Mort d'une crise cardiaque, il en restait encore les traces sur son visage de couleur pourpre. Lorsque j'arrivai, il était déjà lavé et habillé. Je devais maintenant, en cette fin de journée, procéder aux soins de conservation pour qu'une partie de la famille, qui habitait loin et ne pouvait venir avant une semaine, puisse assister aux obsèques.

Même rituel, je plaçai ma valise derrière moi, parallèlement à la longueur du lit et déshabillai le corps. Je sortis la boîte dans laquelle je rangeais mon matériel et mis en évidence un scalpel que je préférais utiliser sur le couvercle. Prêt à travailler, j'enfilai une paire de gants, cette fois de couleur verte. Cela m'arrivait souvent de changer de coloris pour égayer un peu mon travail.

Je voulus saisir mon scalpel, tâtai le dessus du couvercle, rien, pas d'objet. Je me dirigeai vers l'interrupteur, croyant ne pas avoir assez de lumière, me baissai au pied du lit, toujours rien. Au bout du lit, aucun succès. Étrange disparition, juste au moment où j'allais commencer les soins.

N'en pouvant plus de chercher, et trouvant cela quelque peu bizarre, je pris un autre scalpel. Il fallait que je donne l'impression que le défunt était endormi et que j'élimine donc cette couleur rouge de son visage.

Le travail terminé, je montrai le résultat à la famille qui parut satisfaite. Un proche se mit à pleurer, ému de le voir si paisible. Je donnai des consignes afin de conserver le cadavre pendant une semaine : fermer la chambre, faire attention aux courants d'air, ne pas aérer et, malheureusement, ne pas déposer de fleurs naturelles près du corps.

Je rangeais mes outils et inspectais une dernière fois les recoins de la pièce. Toujours aucune trace du fameux scalpel. J'avais tout de même réussi à faire du bon travail et espérais que le défunt ne m'en voulait pas trop ! J'étais en effet persuadé au fond de moi qu'il y avait un rapport entre la disparition brutale de mon scalpel et la volonté du défunt. Ce métier demande beaucoup de méticulosité, je range chaque chose à sa place, d'où mon grand étonnement et ma conviction qu'il s'agissait bien là d'une manifestation.

L'horloge

Nous travaillions à quatre pour une mise en bière et portions le cercueil dans une chambre fermée par d'épais rideaux. Nous installâmes les tréteaux près du lit. Le lustre du plafonnier était allumé, car il faisait vraiment sombre dans cette pièce.

J'avais remarqué, dès mon arrivée, une horloge comtoise qui avait l'air de fonctionner et trouvai étrange de mettre une pendule comme celle-ci dans une chambre.

La famille sortit à l'exception de la fille de la défunte qui avait insisté pour rester près de nous.

Avec des gestes lents et bienveillants, nous enlevâmes le drap qui couvrait le corps. Deux de mes collègues se tenaient de part et d'autre du cercueil. Quant à moi, je devais soulever délicatement la défunte pour la mettre dans le cercueil, tandis que mon autre collègue lui tenait la tête, afin qu'elle ne bascule pas en arrière.

Nous prenons toujours autant de précautions pour les défunts car ils méritent le respect, nous sommes attentionnés, même s'ils ne ressentent plus rien.

Dès l'instant où je soulevai le corps, l'horloge se mit à sonner sept fois puis le balancier s'arrêta. Je marquai un léger temps d'arrêt... Il se passait quelque chose de bizarre ! La fille de la défunte jeta un œil à la pendule puis me regarda en silence.

Ces manifestations, pas très nombreuses, représentent 5 % environ de mes expériences professionnelles avec les défunts. Mais il y a tout de même de quoi se poser des questions. J'ai pris l'habitude, même si quelquefois cela fait sourire, de les noter sur des morceaux de papiers avant de les retranscrire dans des carnets. Il m'arrive aussi de faire quelques dessins réalisés sur le vif.

Mais une autre question me trotte dans la tête : certaines personnes décédées peuvent-elles communiquer plus que d'autres ? Serait-ce un privilège ?

Mort accidentelle

Ce jour-là, une pénible journée nous attendait.

La défunte âgée de 7 ans était une fille unique. Un matin, comme d'habitude, elle prit le chemin de l'école et se dirigea vers le passage piéton. Elle avait attendu que la voie soit libre et avait traversé. Une voiture roulant à une allure excessive la vit au dernier moment et la frôla. Complètement déstabilisée, la petite avait perdu l'équilibre et tomba en arrière. Sa tête avait heurté le trottoir. Elle avait été tuée sur le coup. On est confronté à la mort tous les jours, mais lorsque des enfants sont victimes de ces destins cruels, il n'y a rien à intellectualiser.

Submergés par l'émotion, ses proches ne parvinrent à l'habiller. Ils avaient choisi une robe qu'elle mettait pour les offices religieux du dimanche, auxquels elle se rendait en compagnie de ses parents et grands-parents très catholiques.

Lorsque nous arrivâmes dans cette chambre, un frisson me parcourut le corps à la vue de ses peluches, de ses posters et de son cartable posé près de la table de chevet. Il me fallait l'habiller avant l'arrivée du cercueil.

Je ne m'attardai pas trop dans mon travail avant la venue des porteurs.

Pour éviter les saignements de la plaie, je devais la recoudre. Je préparai donc une aiguille très fine, pris l'enfant dans mes bras, lui poussant la tête sur mon épaule gauche pour pouvoir la recoudre plus facilement. Tout en accomplissant ma tâche, je la rassurai en lui expliquant que j'étais obligée de faire cela, mais qu'il ne fallait pas qu'elle s'inquiète, que je m'occupais d'elle. Lorsque j'eus terminé, je la reposai délicatement sur le lit, la recoiffai et lui remis sa couverture. La famille ne m'avait pas donné de draps propres, tous trop en état de choc. Le médecin avait administré des calmants aux parents, afin de supporter leur souffrance. Quel cruel destin pour cette famille, je ne savais pas encore ce que j'allais faire pour que cette sépulture reste la plus digne et la plus légère possible.

Le père me dit à travers la porte entrebâillée que le cercueil était arrivé.

Je pris mon courage à deux mains et lui proposai de rester près de moi. Je lui parlai doucement, mais il me répondait que c'était au-dessus de ses forces, la tête entre ses mains. Je lui présentai mes collègues en le tenant par les épaules, cela sembla le tranquilliser. Sa femme dormait sous l'effet de somnifères assez puissants. Il avait peur qu'elle mette fin à ses jours pour tout simplement rejoindre son enfant.

Je lui expliquai, avec le maître des cérémonies, le déroulement de notre travail.

Le plus dur était à venir, il y avait beaucoup de monde autour de la petite défunte. On plaça le cercueil dans le grand salon, cela ne semblait pas trop affoler le père. Nous n'arrêtions pas de lui parler. Il fallait établir une communication entre lui et nous pour l'associer au rituel funéraire de son enfant, afin que nous ne soyons plus ces inconnus en noir, de passage. Je ne voulais en aucun cas le mettre à l'écart.

Devant la porte de la chambre, les parents voulaient voir leur petite avant la mise en bière. Le père se trouvait entre le maître des cérémonies et moi-même. La maman, ne pouvant se tenir debout, était dans une chaise roulante. Elle devait être présente.

Au bout d'un moment, le père nous fit signe que l'on pouvait amener le cercueil.

Dans la pièce, qui s'était vidée, il ne restait que les parents, grands parents et deux voisins très proches de la famille.

Je pris l'enfant, si légère, et la déposai dans son cercueil. Il fut fermé et prêt à être descendu. Au moment d'ouvrir la poignée de la porte, impossible de sortir. Elle n'était pourtant pas fermée à clé (il n'y avait pas de verrou !). Le père ne parvint pas non plus à ouvrir cette porte.

Le maître des cérémonies s'avança, s'entretint avec un porteur et, d'un seul coup, la porte s'ouvrit, la petite lampe de chevet s'éteignit...

Que penser de la Mort lorsque l'on voit un enfant dont la vie la quitte ?

Le passé ressurgit

Ce matin-là, comme d'habitude, elle alla faire ses courses, le cabas sous le bras. Elle fit la queue à la boulangerie et sortit subitement en oubliant son panier, pour remonter chez elle. À peine rentrée, elle prit place dans son fauteuil, et endormit pour toujours.

Le fils, ému, me racontait les derniers instants de sa mère et cherchait encore les raisons mystérieuses de son décès. À mon arrivée, il me montra le fauteuil où elle mourut. Sa maman venait manger chez son fils tous les mercredis, c'était une habitude.

Je pris les vêtements qu'il me tendait et ensuite je me mis au travail. Il s'avère nécessaire d'écouter l'entourage du défunt, encore sous l'émotion et ayant besoin de se confier.

Je pris la défunte dans mes bras et la posai sur son lit. Je l'habillai soigneusement et la coiffai, toujours avec minutie pour lui donner l'apparence d'une personne endormie. Dans un sursaut, j'entendis un son inaudible, qui déboucha sur une conversation. Des cris, des pleurs, beaucoup de souffrance, des bruits de centaines de pas, des souffles rauques, une femme pleurant en criant un prénom « Maurice ». C'était très troublant, au bout de quelques secondes, tout s'arrêta !

Mon travail terminé, je m'attardai un peu en discutant avec le fils. Il se sentait seul et cela le soulagea de me parler de sa maman. Elle avait eu une enfance difficile, puis, s'était mariée. Quelques mois plus tard, elle avait perdu son mari lors d'une rafle de l'armée allemande durant la Seconde Guerre mondiale.

Je compris aussitôt d'où venaient ces paroles inaudibles que j'avais entendues. Il s'agissait pour moi de paroles venues d'un autre temps. Ces instants avaient été gravés comme un tatouage sur une peau. La mère partait dans l'au-delà en se libérant de ses souvenirs, qui devaient sans cesse lui revenir. Pourquoi interrompre ses courses et rentrer chez elle, avait-elle reçu un signe ? Je ne dis strictement rien au fils, déjà assez perturbé par ce décès soudain.

Je partis, le dos voûté, l'âme chagrine, comme si l'histoire de cette dame m'avait éclaboussé. Je me voyais au milieu de cette foule en détresse, chose que je ne connaissais pas vu mon jeune âge, et j'espérais ne jamais vivre toute cette souffrance que nos aïeux ont connu.

Malédiction

Je roulais depuis plus d'une heure avant d'arriver au sommet d'une petite montagne.

Enfin, je parvins à l'adresse indiquée et j'aperçus une maison isolée, une vue environnante donnant sur des sapins à perte de vue.

Le défunt avait 100 ans, il vivait seul et recevait de temps en temps la visite de son fils unique et d'une cousine avec laquelle il jouait aux échecs, sa passion.

Mon travail terminé, j'appelais la famille, pour qu'elle puisse voir le défunt. Tout était parfait pour eux, je pouvais prendre congé. Le fils m'accompagna sur le perron de la maison. Je mis mes deux valises de travail dans ma voiture. Je m'apprêtai à redémarrer, quand soudain, en tournant la clé, silence complet. J'insistai, mais le moteur ne se mit pas en marche. J'ouvris le capot de la voiture et j'inspectai le moteur et, pendant que je cherchais d'où la panne pouvait venir, je vis le fils du défunt et la cousine en grande conversation. Ils vinrent à ma rencontre.

La cousine insistait auprès du fils et j'entendais « Mais dis-lui ! » et lui répondait « Ah, je ne sais pas si je peux ! »

La cousine, un peu plus franche, me dit :

« Vous savez, ne vous inquiétez pas pour votre voiture, elle va très bien. Nous avons un problème depuis quelques années ici avec ce genre de panne. Il arrive que des véhicules ne redémarrent pas ! »

J'étais interloqué, pourquoi m'avoir fait venir juste devant la maison ?

En fait, cela se passait juste avant la boîte aux lettres. Depuis le décès de cette personne, aucune voiture, même les pompes funèbres, ne redémarrait.

Ils prirent donc l'initiative de pousser mon véhicule jusqu'au bout du chemin, et, en effet, dès que j'eus franchi cette fameuse boîte aux lettres, le moteur se fit entendre. Je souris malgré moi !

L'accompagnement d'un défunt

De par mon métier et ma perception intrinsèque des phénomènes en rapport avec la mort, je me suis rendu compte – et je l'ai vécu – que lorsqu'un être humain venait de décéder, il avait dans la plupart des cas, pour ne pas dire la majorité, besoin d'avoir quelqu'un à ses côtés, qui l'aide, l'accompagne au seuil de la mort. Quittant soudainement la vie terrestre, l'être humain a peur de plonger dans l'inconnu. Il va alors découvrir celui-ci, l'assimiler et naître dans la mort.

Dans notre civilisation, au plan social, la mort est rejetée lorsqu'un décès survient ; par exemple, dans certains hôpitaux ou cliniques, on a tendance à vouloir cacher qu'un patient décède. On place le défunt dans une pièce, un réduit qui se situe la plupart du temps au sous-sol ou près de la lingerie. L'être humain en vie est source d'attention par rapport au personnel soignant, mais décédé, on le rejette, son cadavre pour certains établissements devient encombrant, et l'on veut s'en débarrasser le plus rapidement possible.

Du statut de familier, le mort passe à celui de rejeté.

Il faut savoir qu'un mode d'être succède à la mort ; en ce qui concerne la majorité des cadavres dont j'ai pu m'occuper, l'âme continue à vivre un certain temps avant de partir définitivement.

C'est l'âme qui permet en fait de voir son propre corps se dédoubler, de ressentir la douleur de ses proches et d'évacuer cette souffrance qui lui reste encore avant de s'envoler pour l'au-delà.

Voilà la raison pour laquelle il ne faut pas retenir exagérément un défunt par des cris ou des pleurs trop insistants, qui peuvent créer un blocage dans son âme.

En fait, il ne comprend pas la raison de ces pleurs !

Une personne décédée ne sent plus son corps, la légèreté lui procure une autre dimension, celui du bien-être, la pensée n'est plus la même, et la vue de la douleur ne peut que retarder son acheminement vers l'au-delà.

J'ai dû, par mon métier de thanatopracteur, remplacer les proches du défunt, qui trop occupés à pleurer, ne se rendaient pas compte que leur défunt attendait autre chose d'eux.

J'ai tenu les morts par la main, affectueusement, en leur disant qu'il fallait qu'ils quittent la terre. D'abord, je les rassurais verbalement, par des paroles dites doucement, je leur expliquais ce qui était en train de se passer. Je répétais plusieurs fois ces mêmes paroles, doucement, lentement pour arriver enfin à chuchoter. Puis ayant fini de leur transmettre ces informations, je tentais de faire baisser la pression dans leur âme en les tranquillisant par mon calme intérieur.

Un nombre incalculable de fois, je me suis trouvé face à une tempête qui se déchaînait, quand le mort paniquait, qu'il ne savait plus ce qui se passait. Son affolement me heurtait mais le calme intérieur dont j'usais atténuait peu à peu ces affrontements. Mais que de temps passé ! Nul ne peut s'imaginer que la fin d'une vie passe aussi par un apprentissage de sa nouvelle vie, cette seconde naissance.

Un hiver de l'année 1990, je me rappelle que dans un village de la Haute Ardèche un enfant mourut écrasé par un arbre. Il était immobile dans la chambre, sur son lit ensanglanté ; son double lumineux se détacha devant moi et il se leva pour venir pleurer contre moi, me taper de ses petits poings, et ensuite se rouler par terre.

J'avoue que ce ne fut pas facile, mais tant bien que mal j'arrivai à le faire mourir et l'accepter. Il paraissait en paix avec lui-même. Je lui ai donné, comme à tous, de la compassion et de l'amour.

Sans aucun doute, la mort fait peur. Chacun d'entre nous a au fond de lui de la douleur lorsqu'un proche disparaît, certains demeurent inconsolables, et c'est à ce moment-là que le défunt a besoin de paroles, mais par la pensée. Les morts communiquent avec nous par les rêves aussi. Ils restent et continuent à vivre avec nous, mais dans une autre dimension.

Une histoire très touchante, un père qui aime danser de son vivant. Ses trois filles ont fait le même rêve en une nuit : elles ont toutes les trois dansé la valse avec lui. Elles habitent dans différents départements. En communiquant quelque temps plus tard, une des filles a rapporté son rêve, l'autre a dit « moi aussi », et quelques jours après la troisième affirma : « Mais moi aussi ! » Elles n'ont versé aucune larme, car ce rêve était un des plus magnifiques de toute leur existence...

La séparation

Il ne reste que nos mains, pour donner, embellir, jusqu'aux lendemains.

Aimer à travers l'infini, l'inconnu qui est déjà loin...

Cette force qui nous tient.

Il ne reste que notre cœur, pour aimer à travers une pierre.

L'esprit est encore présent, il nous parle, et son visage ne s'efface pas...

Il ne reste que l'absence qui nous fait encore souffrir, et ne nous apporte aucune réponse à nos questions.

Il ne reste que nos mains pour continuer à embellir, jusqu'au matin sans fin.

Cette fierté, soudain, pour redonner un sens là où il n'y en a plus !

Il ne reste que nos mains pour faire de cette pierre un joyau jour après jour...

Cette émotion qui nous lie, cette gorge serrée, cette envie de rester là dans ce silence qui fait peur !

Il ne reste que nos mains pour donner, et soudain notre cœur est soulagé.

Il ne reste que notre cœur pour aimer à travers une pierre...

Lettre à la Mort

Le corps de cet être humain ne bouge plus, sa main ne tremblera plus, emporté par le vent de l'inconnu.

Ces derniers mots que l'on prononce, ces quelques mots... Le temps passe si vite !

Le regard se voile doucement, s'asseoir sur cette chaise en paille, derrière la fenêtre embuée, pour regarder tomber la neige, cet engourdissement...

Les yeux soudain, immobiles, tout emplis de pierres.

Mort, moi qui te connais bien, qui ai pu pénétrer dans ton intimité, parce que peut-être tu l'as voulu ainsi ! Je n'ai jamais eu cette singulière idée de vouloir t'échapper.

Mort, tu es redoutable pour la plupart des êtres, tu représentes l'inconnu en nos esprits.

C'est à cause de ce mystère que tu engendres que des pionniers ont voulu t'explorer pour rapporter à leurs semblables ce qu'ils avaient vu.

Par ce livre, je peux dire ce dont j'ai été le témoin et l'acteur. Mais je n'ai pas été le seul et, tel Christophe Colomb sur son navire à la découverte du monde, ils furent une poignée dans le temps à tenter l'impossible, à tenter de revenir de ce dernier voyage.

Et nos descendants le gagneront, ce pari ! Presque impossible durant une vie terrestre, il vaut le coup d'aller jusqu'au bout de ses désirs.

Mort, je donne à autrui ce que j'ai vu en ton sein, parce que j'ai voulu partager, comme ces pionniers, cette découverte, même si la fin d'une vie n'est pas une instruction et que le sujet reste tabou : parce que je l'ai voulu ainsi.

Où sont-ils, que font-ils, ceux que l'on a aimés ?

Viennent-ils nous voir, lisent-ils dans nos pensées ?

Les reverrons-nous un jour, nous attendent-ils ?

Savent-ils le jour et l'heure ?

Poursuivent-ils leur route vers d'autres cieux ?

Pourquoi les avoir connus, tant aimés pour les quitter ?

Ils font partie de notre vie, même l'absence n'efface rien.

Nous voient-ils, viennent-ils nous surprendre sans que nous le sachions ?

Nous protègent-ils ?

Sont-ils heureux sans nous ?

Continuent-ils d'évoluer autour de nous ?

Entendent-ils nos paroles ?

Nous consolent-ils de nos chagrins ?

Savent-ils que nous continuons à les aimer ?

Réflexions

Avoir vécu tout ceci reste pour moi un privilège. J'ai assisté à des événements tels que je n'aurais jamais rien compris à la mort si je n'avais pas exercé le métier de thanatopracteur.

Mais surtout, j'ai réussi à sentir et voir certaines manifestations qui viennent de ce que l'on appelle l'au-delà.

J'ai noté dans ce livre ce dont j'ai été le seul témoin, je dis témoin, car j'ai voulu retranscrire aussi objectivement que possible ces manifestations paranormales.

La mort demeure un sujet tabou dans notre civilisation, non parce que c'est la mort, mais à cause du regard que nous jetons dessus, et tout simplement l'inconnu ; et à cause de notre éducation, de notre façon de vivre, notre civilisation et ses concepts de vie.

La mort se trouve partout et nulle part à la fois. C'est avant tout une prise de conscience.

Ce passage physique que j'ai effectué est nécessaire dans le sens où il habitue à la mort, où il enlève les angoisses, les peurs, où il les extrait du plus profond de l'être humain pour que, par la suite, il puisse être dégagé de l'univers ambiant matérialiste et ouvrir les yeux vers d'autres cieux.

Cela ne s'apprend pas dans les livres, cela se vit tout simplement.

C'est une prise de conscience qui vous permet de gravir les montagnes.

Ce livre vous aura fait pénétrer dans les coulisses de la mort, et peut-être qu'au fond de vous-même, il vous aura permis d'ouvrir tout naturellement une porte fermée à clef.

Dans le travail, souvent, nous nous trouvons confrontés à des difficultés techniques (comme dans tous les métiers).

Dans notre cas, le thanatopracteur ressent, dès l'instant où il commence le travail de conservation, si les soins sont refusés par le défunt. Déjà au départ, tout ne fonctionne pas comme il le voudrait, et pourtant rien ne s'oppose aux soins de conservation. De fil en aiguille, des complications surgissent alors que tout semble parfait pour obtenir des résultats. Le simple cadavre pris en main immédiatement a toutes ses chances pour que la conservation se fasse correctement, sinon souvent du défunt surviennent des rejets, comme d'un opéré qui ne supporte pas l'anesthésie. La différence pour nous, c'est qu'il ne devrait y avoir aucun problème.

Achevé d'imprimer chez SoBook le 12-10-2021

Linselles - France

N° impression : 728 298